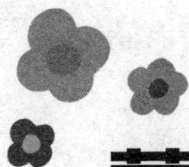

蒙台梭利
早期教育法

［意］玛利亚·蒙台梭利◎著

肖丹◎译

山西出版传媒集团

山西人民出版社

图书在版编目（CIP）数据

蒙台梭利早期教育法 / （意）玛利亚·蒙台梭利著 ；肖丹译 . -- 太原 ： 山西人民出版社，2025. 3.

ISBN 978-7-203-13681-1

Ⅰ . G61

中国国家版本馆 CIP 数据核字第 20255BB992 号

蒙台梭利早期教育法

著　　者：（意）玛利亚·蒙台梭利
译　　者：肖　丹
责任编辑：张小芳
复　　审：李　鑫
终　　审：贺　权
装帧设计：韩静茹

出 版 者：山西出版传媒集团·山西人民出版社
地　　址：太原市建设南路 21 号
邮　　编：030012
发行营销：0351 - 4922220 4955996 4956039 4922127（传真）
天猫官网：https://sxrmcbs.tmall.com 电话：0351 - 4922159
E - mail ：sxskcb@163.com 发行部
　　　　　sxskcb@126.com 总编室
网　　址：www.sxskcb.com

经 销 者：山西出版传媒集团·山西人民出版社
承 印 厂：衡水翔利印刷有限公司

开　　本：890mm×1240mm　　1/32
印　　张：7.25
字　　数：150 千字
版　　次：2025 年 3 月　第 1 版
印　　次：2025 年 3 月　第 1 次印刷
书　　号：ISBN 978-7-203-13681-1
定　　价：58.00 元

如有印装质量问题请与本社联系调换

🌸 目 录

【第一章】

对新教育学与现代科学关系的思考

——

我无意写一部关于科学教育学的著作，只是想呈现一些实验结果，这些实验结果为将科学新原理应用于教育工作开辟道路。

过去的十年，对于教育学的发展趋势，人们普遍认为，现代科学将会推动教育学发展。例如，生理心理学或实验心理学注定会成为新教育学发展的基础，而已经应用于儿童身体研究之中的形态人类学，也将成为推动新教育学发展的一个重要因素。

尽管存在这一趋势，科学教育学却一直没有被明确地定义或构建，它只是以一种模糊的形态被我们提及。当然了，我们相信，借助于实证科学和实验科学，科学教育学一定能够冲破重重迷雾，让我们一睹它的真容。届时，人类也一定可以借助科学教育学更好地发展自我。

几年前，一位著名的医生在意大利建造了一所"科学教育学学校"，目的是让更多教师参与到教育学发展中来。仅仅两三年的时间，这所学校的名声便传遍了全国，各地教师纷纷慕名而来。事实上，这所学校的起步非常顺利，建校之初便引得社会各界人士慷慨解囊。

另外，这所学校还得到了朱塞佩·塞尔吉①的大力支持。三十年来，塞尔吉一直致力在教师群体中传播新文明的思想，而在他看来，教育是新文明的基础。因此，塞尔吉呼吁："要重建教育方法，而为这一事业而战的人，就是在为新文明而战，也是在为人类的重生而战。"

至于如何重建教育方法，塞尔吉指出了一条路：对个体进行精确的测量与观察。在他看来，要对个体进行教育，就必须全面了解个体，这是重建教育方法的基础。然而，他的追随者却误解了他的理念，把对个体进行精确的测量与观察当成了新的教育方法，甚至将其命名为科学教育学。在这种错误的认知下，所谓的科学教育学学派开始了他们的实验，他们指导教师使用测量仪器，收集学生的各种数据，而这些会使用测量仪器的教师被他们命名为"一支新的科学教师队伍"。

意大利的此次运动尽管步入了歧途，但无疑是具有进步意义的，它甚至影响了法国、英国、美国等国家。这些国家在人类学和心理教育学研究的基础上，在小学进行了实验。然而，在大多数情况下，这些实验并非由教师进行研究，而

---

① 朱塞佩·塞尔吉：意大利人类学家和心理学家，意大利心理学的启蒙人之一，主要著作有《建立在实验科学基础上的心理学原理》《心理现象的起源》《心理学要素》。

是由医生进行研究。相比于教育学，他们对自己所从事的科学领域更感兴趣，所以他们仅仅将实验结果应用到了心理学或人类学之中，而非将其与教育学联系起来。显然，这些国家和意大利一样，也步入了歧途。

意大利的另一项贡献是，一所在意大利创立的大学提出了一种理念：将教育学从哲学中分离出来，使其摆脱哲学分支的弱势地位，成为一门独立的科学。这门科学要像医学一样，涵盖广泛而多样的比较研究领域。

教育学的发展关乎整个人类的发展，在这项伟大的事业面前，所有做出贡献的国家或人都值得尊重。尽管意大利所做的一些实验没有取得成功，但却为一些有思想的人打开了新的大门，所以同样值得整个文明世界的人类尊重。

用实验科学的方法培养教师不是一件容易的事。尽管我们可以教导他们掌握人体测量学和心理测量学，但这不过是教导出了一些可以使用机器的"机器"，他们的用处非常值得怀疑。如果我们继续按照这个认识教导教师进行实验，那我们将永远停留在理论阶段。传统学校的教师，看似理解了权威人士的思想，实则他们在谈论这些思想的时候，只是简单地调动了嘴部肌肉，在阅读和这些思想有关的文字时，只是简单地调动了眼部肌肉。同理，我们教导的科学教师看似能够熟练地使用某些仪器，甚至能够完成一系列经典的测试，实则他们只是在简单地调动手臂和手部肌肉，在用一种机械的方式进行那些经典的测试。

当然了，这种差异还不是最根本的，因为深刻的差异不在外在的技能上，而在内在的精神层面。在我们培训的教师中，没有一位成为科学家，这是因为我们没有把他们引入科学实验的领域，没有让他们进入科学研究的高级阶段，他们始终站在科学的大门之外。

那么，究竟什么是科学家呢？当然，不是那些知道如何在物理实验室里操作所有仪器的人，也不是那些在化学实验室里熟练而安全地处理各种反应的人，更不是那些在生物学上知道如何准备显微镜下的标本的人。如果只谈论科学技能，很多助手往往比科学家掌握得更熟练，但他们并不能被称为科学家。在科学家眼里，实验是一种引导他们探索生命的深刻真理，可以帮助他们揭开生命迷人秘密的面纱。在这种追求中，他们的内心产生了对自然奥秘的热爱，这种热爱无比强烈，以至于湮没了自己的思想。科学家是自然的崇拜者，他们对科学研究充满着激情，他们不关心周围的世界，不关心自己，只醉心于实验研究。在这些真正的科学家中，有些因为频繁地使用显微镜而失明；有些因为要深入研究结核病而给自己接种了结核病菌；有些为了了解霍乱的传播途径而主动接触霍乱病人的粪便；有些明知道某种化学试剂有爆炸的危险，却敢于冒着生命危险坚持研究。这就是科学家的精神。大自然经常被科学家的精神所感动，它甘愿向科学家展示自己的秘密，科学家也因此获得了"科学发现"的荣誉。

我们要培养的教师，绝对不是仅仅掌握了科学技能的教师，而是具备科学精神的教师。以前，我们在培养教师时，从来没有想过要让他们成为人类学家或实验心理学家，只是单纯地传授给他们一些操作仪器的技巧。而如今，我们需要做的是，唤醒他们的科学精神，这无疑能帮助他们打开通往更广阔天地的大门。换而言之，我们希望唤醒教师对自然现象的兴趣。

我们都知道，单词是由字母组成的，当一个人学会了机械地拼写课文上所有的单词时，他就能以同样机械的方式阅读莎士比亚作品中的单词。但他能够通过机械阅读单词理解莎士比亚作品的含义吗？答案自然是否定的。

实验仪器就像字母，我们要想了解大自然，就需要学会使用它们。但如果我们只是机械地学会了使用实验仪器，就像机械地阅读莎士比亚的作品一样，那我们的水平就会永远停留在较低的层面。而我们的目标是让教师掌握真正的科学知识，具备科学精神，就像那些学会了拼写单词的人一样，最终能够通过阅读单词理解莎士比亚作品的含义。可以看出，二者之间的差别很大。

我们会犯第一个错误，其实是在所难免的。一个学会了拼写单词的儿童，会让人以为他已经知道了如何阅读，事实上，他的确能够读出商店门上的招牌、报纸的名字，以及他看到的每一个字。然而，当把他放进图书馆之后，我们就会发现，只知道机械地阅读毫无用处，哪怕他能够读出所有书中的单词，也无法理解这些句子的含义。他需要回到学校继续学习。我们培养教师时的情况与此非常相似，很多教师虽然掌握了科学技能，却不具备科学精神，他们同样需要继续学习。

要培养真正意义上的科学教育学教师，难度很大。我们在这里暂且不谈论这个话题，而是先做一个假设。假设有这样一位动物学家，他经过长途跋涉来了观察地，尽管他已经很累了，但他依旧选择立刻投入工作之中，因为他已经迫不及待要观察这里的昆虫了。为了观察到昆虫在自然界最真实的状态，他尽可能地隐藏起自己，尽管因为长时间维持一个姿势，身体已经有些僵硬，他也不会起身活动，因为这样做会打扰到昆虫，从而影响他的观察。

假设教师已经通过培训获得了科学精神，他们能够像动物学家一样，废寝忘食地对大自然进行观察，这样，是不是就可以了呢？

我们不妨继续假设，假设这位动物学家被某所大学聘用。来到大学后，他发现学校给他提供了非常多昆虫的标本，尽管这些标本很漂亮，但对于他而言，没有任何价值，因为他要观察的是昆虫在自然界最真实的状态。

从这位动物学家身上，我们可以得到前面那个问题的答案，答案显然是否定的。如果学校里的儿童像被做成标本的昆虫一样，被束缚在桌椅上，那么教师也就无法观察到他们最真实的表现，教师的观察也就变得没有任何价值了。因此，我们要培养真正意义上的科学教育学教师，便不能只关注教师本身，还需要为他们的观察提供相应的条件。也就是说，如果想要在学校里产生科学的教育学，学校就必须允许儿童自由、自然地表现。

我相信，没有人可以肯定地说，这样的原则已经存在于我们学校里。不可否认，在以让－雅克·卢梭[①]为首的一些教育家的影响下，一些教师的确在尝试着给儿童提供自由，但他们所认识的自由，往往指的是"社会自由"。这种自由是一种更高级的观念，它激励着正在反抗奴隶制的人民，意味着一个国家或一个阶级思想的解放。很显然，这种自由和教育学中的自由不是一个概念。如果有人以这种自由为依据，声称自由的原则已经存在于我们的学校，那我一定会笑话他。

我们必须承认，束缚学生自由的思想依旧充斥在教育学中，也充斥在学校中。我只需要提供一个证据——固定桌椅。起初，学校为孩子们配备的凳子又长又窄，孩子们挤坐在上面，很不舒服。后来，人类学的知识被运用到桌椅的改善上来，学校根据孩子们的年龄与身高计算桌椅的高度以及桌椅之间的距离，这样，孩子们听课时就可以保持腰背挺直，从而避免孩子们的脊柱发生弯曲变形。另外，桌椅被固定起来，相邻的两个桌椅也被分开，它们之间的距离也经过了精

---

① 让－雅克·卢梭：法国 18 世纪启蒙思想家、哲学家、教育家，启蒙运动代表人物之一，主要著作有《社会契约论》《论人类不平等的起源和基础》《爱弥儿》《忏悔录》。

确的计算，以确保教师在讲台上可以看到每一个孩子的动作。这样设计桌椅的目的还有一个，那就是防止学生做出不道德的行为，如互相打闹。

我们可以试着想象这样一个画面：当孩子们坐在自己的位置上时，桌椅的设计迫使他们保持被认为是舒适的姿势，座位、脚凳、课桌的布置也让孩子们无法随意站立起来，因为分配给他们的空间只够他们笔直地坐着。在很多国家，设计"科学桌椅"甚至成了潮流，很多科学教育学派的追随者都投身到"科学桌椅"的设计中，有些甚至获得了国家专利。

不可否认，这些"科学桌椅"的设计具有一定的科学依据。例如，在测量儿童身体以及判断儿童年龄时，运用了人类学的知识；在研究儿童肌肉时，运用了生理学的知识；在观察儿童本能反应时，运用了心理学的知识；在防止儿童脊柱弯曲时，运用了卫生学的知识。可是，这些所谓的"科学桌椅"也存在不科学的地方。把桌椅固定便是最不科学的地方。

我相信，用不了多久，大家都会质疑固定桌椅这种不科学的做法。不过，令人遗憾的是，通过对幼儿卫生学、人类学和社会学的研究，以及通过思想的总体进步，人们竟然没有更早地发现在学校应用"科学桌椅"这种错误的做法。更令人遗憾的是，在过去的几年中，几乎每个国家都掀起了保护儿童的运动，却没有一个国家认识到这项错误。

毫不夸张地说，这些"科学桌椅"的发展意味着孩子们受到了一种矫正制度的影响。这导致的结果是，孩子们本就笔直的脊柱可能会因此变得弯曲变形。从生物学的角度来说，脊柱是人类骨骼中最原始、最基本、最古老的部分，也是人类身体中最坚韧的部分。在原始社会时期，人类需要与沙漠狮子搏斗、征服猛犸象、开采坚硬的岩石，面对这些挑战，脊柱都经受住了考验。然而，在学校固定座椅的束缚下，孩子们的脊柱却失去了抵抗压力的能力。

"科学桌椅"出现的时候，世界各地的工人阶级都在为了从劳动的枷锁中解放出来而斗争。让人无法理解的是，这些在世界各地进行着的轰轰烈烈的斗争却没有对学校产生丝毫的影响，学校里的"科学座椅"越来越多，越来越多学生的自由被限制。

就目前而言，社会各个方面都表现出了自由发展的良好态势。人民领袖把它作为口号，劳动群众在重复地呼吁它，各类出版物中也都写着相关方面的文章。例如，矿工们由于每天长时间保持弯腰的姿势，腹股沟很容易破裂。面对这种状况，他们提出的诉求不是配备支撑腹部的工具，而是要求缩短工作时间和改善工作条件，以便让他们能够像其他人一样过健康的生活。

在同一个时期，当我们发现学校的桌椅存在问题，会导致学生脊柱弯曲变形时，我们的第一反应是给学生换更加科学的桌椅。我们不能否认这样做的价值，如果桌椅的设计更加科学，它确实可以起到一定的作用。但让人遗憾的是，桌椅的设计存在不科学的地方，它的作用大打折扣，甚至可能会起到负面的作用。另外，导致学生脊柱弯曲变形的根本原因是教育方法存在问题，学生不得不每天长时间保持不良的姿势，学校需要做的是从根本上解决问题，给予学生自由的空间，而不是仅仅给学生更换桌椅。这就好像我们把一个不能发挥作用的支撑腹部的工具给了矿工，却没有缩短他们的工作时间，也没有改善他们的工作条件。

当我们谈到工人的救赎时，我们非常清楚，在身体外在的痛苦之下，隐藏着更大的痛苦，那就是他们的心灵遭受了奴隶般的折磨。因此，当我们说工人必须得到救赎时，指的不仅仅是解除工人外在的痛苦，还有心灵上的折磨。

那么，当摆在我们面前的是儿童的教育问题时，我们该怎么办呢？

教师面对的困境，我非常清楚。作为教师，任务之一就是向学生的头脑中灌输一些知识。为了完成这项枯燥的任务，教师发现有必要约束他的学生，让他们坐着不动，以迫使他们集中注意力。而约束学生最好的手段就是采取奖惩措施。

在我看来，奖惩措施就是束缚学生灵魂的枷锁，是奴役学生精神的工具。或许有人认为，奖惩措施确实起到了一定的作用，但其实，奖励和惩罚都只是促使学生做出不自然或被迫努力的诱因，我们绝对不能将它们与学生的自然发展联系起来。换而言之，学生是因为想要获得奖励或者害怕惩罚被迫学习的，而非自愿学习的。例如，驯马师在骑马前会给马儿一块糖作为奖励，马车夫则通过鞭打让马儿对自己的指令做出反应，然而，无论是驯马师还是马车夫的马，都没有草原上自由奔跑的马跑得那么矫健。

我们经常说，社会人就是束缚于社会的自然人。但是，当我们全面审视社会的道德进步，就会看到束缚人类的枷锁正在被逐渐打开。奴隶的枷锁向仆人的枷锁屈服，仆人的枷锁又向工人的枷锁屈服。所有形式的奴隶制都在逐渐衰弱和消失。纵观人类发展史，其实就是一部征服与解放的历史。我们应该自问，我们现在处于文明的哪个阶段？奖惩对人类的进步是否真的有用呢？如果我们确实已经超越了这一点，那么在教育中采取奖惩措施就是将新一代拉回到较低的水平，而不是引领他们走向真正的进步。

在社会中，政府与众多从事行政工作的职员之间的关系，也存在着与学校类似的状况。职员们的工作和整个国家的利益绑定在一起，整个国家在因为他们的工作而受益。但是，在他们眼中，他们的工作对国家发展所起到的作用微乎其微，他们能够直观看到的好处就是晋升。于是，晋升成了他们工作的一大动力。一个看不到自己工作真正意义的人，从某种意义上来说，他作为一个人的尊严被贬低了，他就像一台机器一样，要想继续运转下去，就必须给它加油（晋升），因为它本身没有生命的冲动。

学生也是如此，如果他只是为了获得奖励或害怕惩罚而学习，那他也会变得像一台机器一样，要想继续运转下去，就必须给它加油（奖励或惩罚）。在这里，让我们做一个假设。假设有这样一名学生，他的梦想是做一名救死扶伤的医生，那么，即便没有奖励或惩罚，他也一定会为了实现这个梦想而努力学习。但是，如果有了奖励或惩罚，他的注意力可能会集中到奖励或惩罚上，他想要做一名医生的梦想会因此被淡化。久而久之，他甚至会忘了自己的梦想，只想着会不会得到奖励或被惩罚，并为此而学习。人与人之间存在很大的差异，每个人都有适合他们的道路，而奖惩措施会使人的秉性发生改变，进而驱使人们走上一条并不适合自己的道路。当他们意识到这条道路不适合自己时，或许已经无法回头了，只能一错到底。

当然，有些奖赏也是有价值的。例如，当一位演讲家看到台下的观众露出肯定的表情时，他会为此感到高兴。因为他发现，自己得到了他人的肯定。

通常来说，人的灵魂是通过扩展来完善的，而通常意义上的惩罚总是一味地压制人的灵魂的完善。对于那些邪恶本性不断增长的人，惩罚或许会起到作用，但那样的人毕竟占少数。在法治社会，如果有人不遵守法律，便会受到法律的制裁。然而，我们之所以不抢劫、不杀人，是因为我们的本性在引导着我们远离那些卑鄙、邪恶行为，而非我们害怕法律的制裁。

对于大多数的正常人而言，真正的惩罚是丧失个人力量和伟大的意识，这些是他内心生活的源泉。这样的惩罚往往在功成名就的人身上体现得更为明显。当我们认为那些人正在为拥有幸福和财富而快乐时，有可能他们正在遭受这种形式的惩罚。令人遗憾的是，人们往往看不到降落到自己身上的真正的惩罚。

在这一点上，教育其实可以起到一定的作用。然而，现实却让人非常失望。

如今，我们让学生坐在教室里，用固定桌椅、奖励或惩罚这些对学生身体和精神具有损害性的工具来束缚他们，目的就是让他们遵守纪律，认真听课。但这种做法会将学生引导到哪里呢？很多时候，我们并没有明确的方向，也没有明确的目标。

坦白说，我们的所作所为正在让儿童遭受身体和心灵的双重折磨，难道我们不该为此感到羞愧吗？

第二章

蒙台梭利教育法的历史回顾

———

如果想要发展一种科学的教育学体系，那么就必须沿着与目前所遵循的路线截然不同的道路前进。学校的变革必须与教师的培养同时进行，因为如果想让教师成为熟悉实验方法的观察者，就必须给他们提供在学校中进行观察和实验的机会。其中，最重要的一点是学生必须获得足够的自由，他们可以无拘无束地展现自己的个性。假设一种新的科学的教育学是从对学生的研究中产生的，那么这种研究必须是以对完全自由的学生的观察为中心。

实验科学的发展往往源于某种研究方法在特定领域的应用。细菌学之所以获得发展，是因为采用了微生物的分离和培养方法；犯罪人类学、医学人类学和教育人类学之所以取得进步，是因为将人类学方法应用到不同的群体中，如罪犯、诊所病人、学者等。实验心理学需要先对实验中使用的技术进行精确的定义，然后从应用中等待明确的结果。

有一点我们需要知道，实验科学的特征之一是在进行实验时，不能先入为主地产生某种观念，这样会对实验结果产生影响。例如，当我们要观察头部发育与智力水平的关系时，要忽略"头部发育良好的人智力水平更高"这一先入为主的观念，否则，研究的结果可能会受到影响。因此，当我们需要做实验时，首先要做的就是抛开已有的成见。同理，如果我们想要利用实验心理学的某种方法，就必须抛弃所有以前的信条，并通过这种方法来寻求真理。

我们现在需要解决的问题是，建立一套有效的实验教学法。这种方法不能照搬其他实验科学的方法。诚然，实验教学法是由卫生学、人类学和心理学共同完善的，并在一定程度上采纳了这三门学科特有的技术方法，但它仅限于对受教育个体的专项研究。在实验教学法中，尽管对个体的研究必须伴随着截然不同的教育工作，但它只是整个科学中的一个有限且次要的组成部分。

在我目前的研究工作中，有一部分研究与实验教学法有关，这是我在"儿童之家"两年工作经验的结晶。当然，我提供的只是这种方法的初步尝试，它目前只在三到六岁的儿童身上应用。虽然这只是一些尝试，但已经取得了令人惊讶的成果，它会激励着我们继续推动这项工作。

事实上，我们的教育体系还不够完善，但它经过了实践的检验，已经被证明是卓越的，所以可以在幼儿园和小学一年级中进行推广。

其实，说我这本著作源于我在"儿童之家"两年的工作经验并不完全准确。我认为，仅凭我这两年所作的尝试，是不可能实现本书中所有设想的。"儿童之家"所使用的教育系统的起源要早得多。如果这种对正常儿童的教育经验看起来相当短暂，那么请记住，它起源于以前对特殊儿童的教育经验。从这个角度来看，它体现了长期而深思熟虑的努力。

　　大约十五年前，我担任罗马大学精神病诊所的助理医生，有机会经常去精神病院研究病人，并为诊所选择研究对象。就这样，我对当时住在普通精神病院里的特殊儿童产生了兴趣。当时，甲状腺器官疗法已经非常成熟，医生对特殊儿童也非常关注。我在完成了诊所安排给我的工作后，便将注意力放到了儿童疾病的研究上。

　　期间，我熟悉了爱德华·塞昆①为这些不幸的孩子设计的特殊教育方法，并深入研究了当时在医生中开始流行的"教育疗法"。"教育疗法"在治疗各种儿童疾病，如耳聋、瘫痪、白痴、佝偻病等方面，有着一定的疗效。因此，人们普遍认为，教育学必须与医学结合起来治疗疾病。在这种思想的影响下，通过体育锻炼来治疗疾病的方法得到了普及。不过，我并不认同这一观点，我认为智力缺陷主要是一个教育问题，而不是一个医学问题。②1898 年，我在都灵教育大

---

① 爱德华·塞昆：法国精神病医生，针对智力存在缺陷的儿童创立了生理学教育方法。

② 作者重视教育在儿童智力缺陷方面的作用，却忽视了医学的作用，观点存在一定的局限性。——译者注。

会上以"道德教育"为主题做了一次演讲，表达了我的观点。我相信，我的观点已经触动了他们的心弦，因为它开始在医生和小学教师这两个群体中广为流传。

我的导师高迪奥·巴切利，当时正担任教育部的部长，他邀请我给罗马的教师上了一堂关于特殊儿童教育的课。后来，依据这门课程，罗马成立了一所"州立精神分裂症学校"，我在那里当了两年时间的校长。

在这所学校里，我们设置了一个全日制的班级，里面的学生由那些在小学里被认为是无可救药的特殊儿童组成。不久后，在一个慈善组织的帮助下，我们成立了一个医学教育学院，这里不仅接收公立学校的特殊儿童，还接收罗马所有精神病院的特殊儿童。

这两年，在同事们的帮助下，我为罗马的教师设计了一种用于观察和教育特殊儿童的特殊方法。除了培训教师，我还前往伦敦和巴黎实地学习了特殊儿童的教育方法。之后，我全身心地投入实际教学中，同时指导我们学院其他教师的教学工作。

那时的我，俨然就是一位教师，因为从早上八点到晚上七点，我一直待在教室里。这两年的实践工作经验，可以看作我获得的第一个真正意义上的学位。其实，从我刚开始对特殊儿童的教育进行研究，我就认为我所使用的方法并不局限于对特殊儿童的教育。我坚信，这些方法包含的教育原则比当时正在使用的教育原则更为合理，通过这些方法，即便是智力比较低下的人也能获得成长和发展。这种深刻的感受几乎成了一种直觉，以至于在我离开特殊学校后，它成了我的主导思想。渐渐地，我愈发地相信，如果将类似的方法应用于正常儿童，它会以令人惊讶的方式发展或释放他们的个性。

　　正是从那时开始，我下定决心要深入研究矫正教育学。与此同时，我希望可以进一步研究普通教育学及其所基于的原则，于是我在大学选择了哲学专业，成了一位哲学系的学生。尽管我不知道我是否能够检验我的想法的真实性，但一种伟大的信念时刻激励着我。我放弃了其他工作，以深化和扩展我的想法。

　　针对特殊儿童的教育方法的研究源于法国大革命时期的一位医生的工作，而这位医生是菲利普·皮内尔①的学生——伊塔德。伊塔德在医学上取得的成就不容忽视，他被认为是医学分支——耳病治疗学的奠基人。

　　伊塔德是第一个尝试进行听觉教育的人。他在佩雷尔在巴黎建立的聋哑人研究所进行了一系列的实验，帮助部分听力障碍者恢复了听觉。后来，他照顾一位被称为"阿韦龙野孩"的智力存在缺陷的男孩长达八年。他将那些已经在听觉治疗方面取得优异成果的教育方法运用到对所有感官的治疗中。

① 菲利普·皮内尔：法国精神病学家，主要以人道主义态度对待精神病患者，被誉为"现代精神医学之父"。

伊塔德在他的著作中对他的教育经验与成果进行了有趣且细致的描述。今天任何读到这些著作的人都必须承认，伊塔德的实践实际上是实验心理学的第一次尝试。当然，为特殊儿童建立一个真正的教育体系，要归功于爱德华·塞昆。他曾经是一位教师，后来成了一名医生。他从精神病院带走了一些儿童，将他们安置在巴黎皮加勒街的一所小学里，然后他以伊塔德的经验为出发点，对这些儿童进行了长达十年的研究。1846 年，塞昆在巴黎出版了一本 600 多页的书，书名叫《智力缺陷儿童的品质、道德、卫生和教育》。在这本书中，他第一次阐述了他的教育方法。四年后，塞昆移民到美国，他在那里建立了许多研究特殊儿童的机构。在总结了自己二十多年的工作经验后，他于 1866 年再次出版了一本书，这本书可以看成《智力缺陷儿童的品质、道德、卫生和教育》的进阶版，书名与第一版也有了明显的区别，叫《智力缺陷儿童及其生理治疗法》。在这本书中，塞昆详细阐述了他的教育方法，并将其命名为"生理治疗法"。

我在精神病诊所做助理时，饶有兴致地阅读了法文版的《智力缺陷儿童的品质、道德、卫生和教育》。然而，二十年后在纽约出版的英文版的《智力缺陷儿童及其生理治疗法》，尽管在很多关于特殊教育的著作中被引用，但在任何图书馆中都找不到它。为了找到这本书，我几乎拜访了英国所有正在对特殊儿童进行研究的医生，但最终一无所获。由此可见，尽管塞昆的著作是以英文形式出版的，但它在英国并没有引起人们的注意，他的教育方法也没有被英国人真正地理解。事实上，尽管很多研究特殊儿童的机构在出版的著作中经常引用塞昆的教育方法，但其所阐述的教育方法与塞昆的教育方法截然不同。

几乎在所有地方，用于特殊儿童的教育方法与用于正常儿童的方法或多或少存在相同的地方。这一现象在德国尤为明显。一位为了辅助我进行研究而去德国的朋友注意到一个现象：尽管德国学校的教学博物馆里摆放着专门针对特殊儿童的教学材料，但实际情况是这些材料很少被用到。之所以会这样，是因为德国的教师坚持着这样一个原则：用于正常儿童的教育方法也能用于特殊儿童的教育。

在法国巴黎，虽然教师们手中拿着塞昆的著作，但在实际教学中，他们并没有运用塞昆的教育方法，只是使用了他发明的教学器具。这些教师的教学是机械式的，每位老师都只是按照规则行事，缺乏应有的灵活性。

在对整个欧洲使用的教育方法进行研究后，我在罗马开始了我的实验。我从伊塔德的实验与塞昆的教育方法中得到了很大启发，发明了各种各样的教学材料。我敢保证，在任何教育机构都无法见到如此完备的教学材料。在那些知道如何应用它们的人手中，这些教学材料发挥了非常大的作用，它们可以辅助教师出色地完成教学任务。

事实上，我非常理解为什么那些从事特殊儿童教育的教师非常容易沮丧，也明白为什么他们更容易放弃这份工作。

他们普遍存在一种偏见，那就是教育者必须把自己和受教育者放在同一水平上，所以他们总是试图把自己放在儿童的水平上，用游戏和故事去接近他们。然而，这样做的结果并不像他们设想的那样成功，很多时候甚至非常失败，所以产生沮丧的情绪在所难免。其实，面对特殊儿童，教师需要做的并不是把自己放在儿童的水平上，而是要知道如何唤醒深藏在儿童心灵中的真正的自我。前面我们说，能够正确使用我发明的教学材料的教师，都可以出色地完成教学任务。那怎么样才算是正确地使用呢？会操作只是最基本的要求，其核心是教师要具备上述认知。

在这个问题上，塞昆也表达了类似的观点。他认为，从事特殊儿童教育的教师所使用的第一个教学材料应该是心灵。在他著作的结尾，他对自己的工作进行了一次回顾，他强调："如果没有对教师进行专业的培训，让他们提前做好心灵上的准备，那他所建立的教育方法将无法发挥应有的作用。"至于如何培训从事特殊儿童教育的教师，塞昆也有独到的见解。他希望这些教师外表和蔼可亲，声音悦耳动听，注重个人形象，竭尽全力使自己变得吸引人。为什么要注重这些呢？因为他们的任务就是要唤醒特殊儿童脆弱和疲惫的灵魂，在完成任务的过程中，这些是不可或缺的。

这种作用于心灵的信念，对我来说就像一把神秘的钥匙，为我打开了塞昆精彩纷呈的教育实验的大门。他的那些实验，只要正确理解，并运用得当，便可以在特殊儿童的教育中取得非常好的效果。我进行了大量的尝试，的确取得了令人惊讶的成果，但我必须坦白，我因此感到特别的疲惫。这仿佛是我从自己体内抽取了某种生命力赋予了他们。那些我们称之为鼓励、安慰、爱和尊重的东西，都是从人的灵魂中汲取的，我们给予得越多，就越能使我们周围的生命焕发生机。

如果缺乏心灵层面的激励，哪怕是再完美的外部刺激，可能也无法发挥理想的作用，就像失明的人面对太阳时，他可能会说："这是什么？是浓雾吗？"

做好这样的心理准备后，我便着手进行自己的新实验了。这里不便阐述这些实验的具体情况，我仅提及一点，当时我尝试了一种独创的教育方法，用于教导儿童阅读和写字。这是儿童教育的一部分，但在伊塔德和塞昆的作品中，与此相关的论述并不完善。

事实证明，我的教育方法是成功的，那些特殊儿童的阅读与写字能力有了很大提升。我还把这些特殊儿童带到了公立学校，让他们和正常的儿童一起参加考试。让人开心的是，他们顺利通过了考试。

在旁观者看来，这个结果几乎就是奇迹。但对我来说，特殊儿童之所以可以与正常的儿童竞争，是因为他们接受了不同的教育。他们的心理得到了发展，而那些正常儿童的发展被压抑和阻碍。我不禁思考，如果有一天，这种让特殊儿童取得惊人进步的特殊教育方法能够广泛应用于正常儿童的身上，那么人们口中的"奇迹"或许就不存在了。换句话说，如果让普通儿童得到充分的发展，那特殊儿童与正常儿童之间的差距永远也无法跨越，"奇迹"自然也就不会出现。

当大家都在赞叹那些特殊儿童的进步时，我却在寻找原因，为什么那些正常的儿童会停留在如此低的水平，他们在智力测试中取得的成绩竟然和那些特殊儿童不相上下。

关于这个问题，我们暂且搁下，先来讲讲塞昆的教育方法。他的教育方法包含的内容很多，其中，有三项内容是基础的，分别是肌肉系统的教育、神经系统的教育和感官系统的教育。这三个部分存在层层递进的关系。通过系统的教育，塞昆教会了特殊儿童走路，教会了他们如何在运动中保持平衡，如上楼梯、跳跃，也教会了他们去感受。

当然，如果训练只停留在这个层面，那么塞昆仅仅是引导这些孩子适应了一种低级的生活。显然，塞昆没有止步于此，他又设计了一系列的教育方法。如果对这些教育方法进行排列，大致的顺序便是，从感官教育到一般概念，从一般概念到抽象思维，从抽象思维到道德观念。当塞昆完成了这一系列的工作后，特殊儿童已经可以适应更高级的生活了。尽管已经做到了这种地步，那些特殊儿童仍旧无法完全适应社会环境。

这为我们提供了另一个解释，为什么塞昆的教育方法经常被抛弃。其实现目标的手段极其复杂，结果也不是十分理想。当人们意识到这一点的时候，他们便会说："有这些时间和精力，还不如为正常儿童多做一些事情呢。"

实践证明，塞昆的教育方法是有效的。我退出了对特殊儿童的研究，开始更加深入地研究伊塔德和塞昆的著作。期间，我做了一件以前从未做过的事，这也是很少有学者愿意去做的一件事——我将这两个人的著作从头至尾翻译成意大利语，并将其抄写出来，制成了一本手写的书。

我选择亲笔抄写，是为了有时间仔细斟酌每个单词的含义，真正理解作者的创作意图。我刚抄完塞昆法文版的著作，他那本英文版的著作便从纽约寄来了。这本旧书是在纽约一位医生的私人藏书中被发现的。在一位英国朋友的帮助下，我翻译了这本书。这本书并没有增加多少新的教学实验内容，而是探讨了第一卷中描述的经验所蕴含的哲学思想。这位研究了二十年特殊儿童的作者认为，以个别学生研究为基础、以生理和心理现象分析为教育方法的生理学方法，也应该应用于正常儿童身上。他相信，这一步将为人类的新生指明道路。

塞昆的声音就像荒野中先驱者的呼喊，使我认识到，对教育进行改革是一项任重而道远的工作。

当时，我在大学注册为哲学系学生，并参加了实验心理学课程的学习。与此同时，我在小学进行了教育学、人类学的研究，研究的内容是正常儿童的教育方法。因为我的这项研究，罗马大学开设了教育人类学的课程。

长期以来，我希望可以在普通小学一年级中试验特殊儿童的教育方法，但我从未想过在托儿所这样的机构进行试验。这个新想法的产生纯属偶然。

1906 年，我在米兰参加了一个为科学教育学和实验心理学主题颁奖的国际展览会。从米兰回来后，一个机会降到了我的头上。罗马优质建筑协会会长爱德华多·塔拉莫①邀请我在协会的模范住宅楼中组建幼儿学校。塔拉莫先生提出了一个想法：将住宅内所有三至七岁的儿童聚集在一起，然后由住在住宅内的一位教师指导孩子们进行游戏和学习。按照塔拉莫的设想，每所住宅都要有一所幼儿学校。当时，罗马优质建筑协会拥有四百多套住宅，所以这项工作的前景十分广阔。1907 年 1 月，在圣洛伦佐区的一所住宅里，我们成立了第一所幼儿学校。在圣洛伦佐区，协会拥有 58 栋建筑，按照塔拉莫先生的计划，我们将在这里开设 16 所"楼内学校"。

这所新式学校由我和塔拉莫先生共同的朋友奥尔加·洛迪夫人命名，名字叫"儿童之家"。1907 年 1 月 6 日，我们的第一所学校正式开学，它被委托给坎迪达·努奇泰利进行管理，而我负责指导和监督。同年 4 月 7 日，第二所"儿童之家"在圣洛伦佐区正式开学。1908 年 11 月 4 日，第三所"儿童之家"在罗马建立，这所学校没有建在平民区，而是

---

① 爱德华多·塔拉莫：罗马优质建筑协会的会长。该协会是一个慈善组织，旨在改善罗马城市贫困人口的居住和生活条件。

建在中产阶级居住的一栋现代建筑内。1909年1月，瑞士一些地区的孤儿收容所开始进行改革，他们放弃了原来使用的福禄贝尔的教育方法，开始使用我们在"儿童之家"使用的教育方法。

"儿童之家"的意义非常显著。一方面，它作为住宅区内的"楼内学校"，表现出了一定的社会意义；另一方面，它作为幼儿学校，承担着进行教育方法试验的责任，这是它的教育意义。

我必须感谢塔拉莫先生，他给了我一个很好的机会，让我有机会把应用到特殊儿童身上的教育方法应用到正常儿童身上。更为关键的是，这些儿童恰好处于幼儿阶段。

在幼儿阶段，正常儿童和特殊儿童存在很多相似的地方，如身体的协调性较差，眼睛的调节能力尚未发育完全，语言存在缺陷，注意力不集中、不稳定等。其实，很多在人身上表现出的永久性缺陷，如语言缺陷，是他在人生最重要的时期，即三至六岁被忽视而导致的，在这个时期，他们形成了主要的功能。普莱尔[①]的研究也证实了这一点，他针对病态语言缺陷与正常儿童在发展过程中的语言缺陷进行了对比，发现两者存在相似之处。

由此可见，有助于特殊儿童发展的教育方法，也应该有

---

① 普莱尔：科学儿童心理学的奠基人，主要著作有《儿童心理》，在这本著作中，他系统阐述了儿童的发展及学习过程。

助于正常儿童的发展。当然了，正常儿童和特殊儿童之间也存在一定的差异，所以我们需要对教育方法进行适当的调整，以便使它们更适用于正常儿童的教育。

这便是我在"儿童之家"进行教育实验的意义所在。在一系列的实验中，我完成了对教育方法的调整，成功地将应用于特殊儿童身上的教育方法运用到了正常儿童身上。

我的实验之所以能够取得成功，是因为前人已经进行了大量的实验，我的成功可以看作站在了巨人的肩膀上。在塞昆第二本书出版三十年后，我继承了这位伟人的思想，就像当年他继承伊塔德的思想一样。在过去的十年里，我依照他们的教育方法进行了一系列的实验，所以从某种意义上来说，我过去十年的工作可以视为对伊塔德和塞昆四十年工作的总结。从这个角度来看，在做这两年短暂的实验之前，其实已经有了五十年的实验基础。总之，经过我们三个人的努力，人类在发展精神病学的道路上成功地迈出了第一步。

在推动人类文明发展的因素中，我认为"儿童之家"应该占有一席之地。它们以近似乌托邦的方式解决了许多社会问题和教育问题，它们将会成为现代家庭转型的一部分，并促使转型实现。另外，"儿童之家"也直接触及了社会问题中最重要的一面，即人们的私人生活或家庭生活。

需要强调的是，本书引用了我在罗马第二所"儿童之家"开幕仪式上所作的演讲，以及我依据塔拉莫先生的意愿制定的规章制度。

还有一点应该注意，我所说的俱乐部和医务室已经成立了。在塔拉莫先生的资助下，位于普拉蒂城堡的"现代之家"于 1908 年 11 月 4 日正式开业，在那里，我们计划增加一个"公共厨房"。

第三章

在"儿童之家"开幕仪式上的演讲

也许今天在座的一些人从未真正见识过极度贫穷的生活，你们可能只是通过某本书感受到了人类极度贫穷的悲惨，或者某位有天赋的演员曾让你的灵魂为这种悲惨而颤抖。

让我们来设想一下，如果此时此刻有一个声音在向你呼喊："去看看那些生活在底层的穷苦人吧，因为在那里出现了幸福的绿洲。以前，那里被贫穷、罪恶笼罩，而此时，道德正在那里降临，人们的灵魂将从无知愚昧的黑暗中解脱出来，就连儿童都有了属于自己的'家'。新的一代正在走向新的时代，旧时代的产物将在这个新的时代销声匿迹。"当我们听到这个变化时，我们一定激动万分，想要到这里献上我们的祝福。

我之所以这样设想，是为了让大家更容易理解在这个贫民区建立"儿童之家"的意义。到目前为止，我们已经在圣洛伦佐区建立了两所"儿童之家"，它们的存在，使得这片区域有了真正意义上的"儿童乐园"。

圣洛伦佐区是一个远近闻名的地方，因为报纸几乎每天都会报道发生在这里的悲惨事件。尽管如此，很多人也可能不熟悉它的起源。

圣洛伦佐区是一个贫民区。在这个地区，生活着工资微薄的人，以及经常失业的工人。在一个工业发展落后的城市，工人失业是一件很常见的事。另外，这片区域也是刑满释放人员的栖身之地。总之，这里鱼龙混杂，混乱不堪。

圣洛伦佐区建造于1884—1888年，当时，在这里建造的房子既不符合社会标准，也不符合卫生标准。建造房子的目的仅仅是把每一寸土地都用墙围起来，围起来的面积越大，相关银行和公司的收益就越大。做这一切的时候，他们完全没有考虑他们的所作所为究竟会导致怎样的后果。建造这些房子的工人也不关心这些建筑是否坚固，因为他们不可能住进这里。

1888—1890年，建筑行业迎来了暴风雨般的沉重打击，这些不符合标准的房子在很长一段时间都无人居住。后来，越来越多的人产生了居住需求，这些房子也渐渐地被住满了。房子闲置的那些年，那些拥有房子产权的投机商已经损失了不少钱，他们不愿意为了维修房屋增加新的成本。这些房子在建造的时候便不符合标准，如今，房子的情况只会更糟糕。

这些房子的面积很大，大部分都是五室、六室或七室。虽然房子的状况很糟糕，单位面积的租金很低，但由于房子的面积很大，一整套房子的租金仍旧比较高。对于贫穷家庭来说，他们根本无法承担这么高的支出。中介便这样产生了。他们以每月 8 美元的价格租下一套六室的房子，然后以每月每间 1.5 美元或 2 美元的价格租给穷人，甚至会把房子的走廊或一个房间的一角以更低的价格租给更穷的人。这样，他们可以从中获得 15 美元甚至更多的收入，这些收入远远超过了他们的租金。

通过转租房子的方式，他们的生存问题得到了解决。另外，他们还会想办法给租客放高利贷。例如，他们借给租客 2 美元，利息是每周 20 美分，这相当于 500% 的年利率。在转租和放高利贷这些现象的背后，我们看到了一个残酷的现实：只有穷人才知道如何对穷人进行剥削。

除此之外，这里还充斥着犯罪。我们在报纸上看到的有关这里的报道，不过是冰山一角。

无论谁第一次走进这样的公寓，都会感到震惊和恐惧。因为这种真正的悲惨景象与他所想象的截然不同。这里是一个充满黑暗的世界。当我们走进这里，首先映入眼帘的是一片漆黑，即使是正午，我们依旧会因为房间太过漆黑而无法分辨里面的任何细节。

当我们的眼睛逐渐适应了这种黑暗后，我们才能看到屋内的情况——床上蜷缩着一个疾病缠身的人。如果我们是来为某个互助协会送钱的，那么在数钱和签署收据之前，必须点燃一根蜡烛，否则根本无法完成这些事情。

当我们谈论社会问题时，我们总是含糊其词，凭着想象去阐述细节，而不是通过对实施情况的调查来作出明智的判断。我们认真地讨论了学龄儿童在家学习的问题，但对于生活在这里的大部分儿童来说，家只是在某个黑暗小屋的角落里铺一张草席。我们希望建立流动图书馆，让穷人可以在家里读书。我们还计划送给他们一些书，因为通过书籍的影响，他们的生活水平将得到提高。总之，我们希望通过书籍来教育这些穷人，让他们了解卫生、道德和文化方面的知识。然而，这些关怀反映的却是我们对他们最迫切的需求一无所知，因为他们中的许多人根本见不到光，又何谈阅读呢。

因此，摆在社会改革家面前的最根本的问题不是让穷人了解卫生、道德和文化方面的知识，而是解决他们的生活问题。

当我们谈及在这些地方出生的儿童时，我们也需要改变惯用的表达方式，因为这些儿童所面对的不是一个光明的世界，而是一个黑暗的世界。他们在拥挤的环境中成长，没有足够的水来洗澡，所以他们的身体不可能不肮脏。他们所居住的公寓，原本打算供三四个人居住，如今，这里却住着二三十人，供水几乎只够他们饮用，洗澡成了一种奢望。

在我们看来，家是一个相对封闭的场所，只对亲朋好友开放，然而在这里，家并不存在，这里仅仅是他们的住所，他们没有隐私，没有足够的水，甚至没有阳光。我们把家视为大众教育的必需品，但在这里，这种想法似乎成了一种残酷的嘲弄。我们必须改变传统的认知，否则我们就不是脚踏实地的改革者，而是只会空想的诗人。

由于这里的居住环境太过糟糕，很多人宁愿到街上生活，因为那里的环境看起来更卫生。但是，街上很不安全，那里经常发生各种各样的暴力事件。

罗马是一个国际化的大都市，也是人们公认的艺术之都，然而就是在这样一个大都市里，竟然存在着一片阴暗之地。为什么会这样？因为在这里出现了一个过去几个世纪都不为人知的新情况，那就是贫困群体被孤立。

在中世纪，麻风病人会被孤立，希伯来人被天主教徒隔离在犹太人区，但是，贫穷从来没有被认为是一种危险和耻辱，以至于必须加以孤立。以前，富人和穷人居住在一个区域，有时富人和穷人还会比邻而居。事实上，我小时候上学时，教师为了进行道德教育，经常引用善良的女孩给隔壁贫穷的邻居送去帮助的例子，或者用大房子里的好孩子给隔壁阁楼上生病的女人送去食物的例子。

如今，这一切都像童话故事一样虚幻，穷人再也无法从他们的邻居那里学到礼貌问好，也无法从邻居那里得到帮助。我们已经把他们赶出我们的圈子，他们聚集在一起，在绝望的境地中相互学习，并且变得残忍和邪恶。任何一个具有社会良知的人都必须认识到，我们创造出了一个"感染区"，它正在以致命的危险威胁着这个城市。这个城市希望按照一种美学原则和贵族的理想使一切都变得美丽而耀眼，却把一切丑陋和病态的东西都推到了城墙之外。

当我第一次来到这里时，我感觉自己仿佛置身于一个遭受了巨大灾难的城市。街道死一般的寂静，街上没有一辆马车，也听不到商贩的叫卖声。街道的路面坑坑洼洼，街道两旁的房屋歪歪斜斜，似乎这里刚刚经历了一场灾难性的地震。如果我们更加细致地观察这里，便会发现，在人口如此密集的区域，竟然找不到一家低价出售生活必需品的商店，有的只是几个出售劣质酒的店面。看到这一切时，我意识到，使这些人遭受苦难的并非天灾，而是贫穷，以及伴随着贫穷而产生的邪恶。

在报纸上，我们偶尔会看到一些悲惨事件的报道，这会引发人们的关注，也会唤起一些人的怜悯之心。慈善机构会根据不同人遭受的不同苦难，给予不同的帮助。尽管它们尝试了很多方法，效果却并不理想。

什么是仁慈呢？它不仅仅是对遭受苦难的人表达怜悯和悲伤之情，还要有切实的行动。然而，由于很多慈善机构缺乏持续的收入与有效的组织，它们采取的行动只能使小部分人受益。另外，这片区域充斥着邪恶，犯罪率居高不下，所以要使这里的人得到救赎，就必须针对整个区域开展全面且广泛的工作。

罗马优质建筑协会承担起了这项重任。如今，这项工作正在以先进和高度现代化的方式进行，而这一切要归功于协会会长爱德华多·塔拉莫。他的计划非常新颖，非常全面，而且非常实用，在意大利或其他地方都没有出现过类似的计划。

罗马优质建筑协会的计划是收购城市公寓，并把它们按照居住标准进行改造，同时对它们进行有效的管理。

协会收购的第一处房产占据了圣洛伦佐区的大部分地方，如今协会在那里拥有 58 栋房屋，占地面积约 3 万平方米。通过这种方式，成千上万的人将从协会的保护性改革中受益。按照协会的慈善计划，协会将按照现代的标准改造这些老房子，并对与建筑有关的卫生和道德问题给予同样多的关注。建筑结构的改善可以使这里的房屋具备真正且更加持久的价值，而卫生和道德上的改善可以使这里的居民具有更好的居住条件。

然而，由于房屋稀缺，很难一下子腾空所有的出租房。出于人道主义考虑，协会不能把所有人都暂时赶到大街上，因此，这项工作只能循序渐进地进行，不能操之过急。出于这个原因，房屋改造工程的进度比较缓慢。到目前为止，协会仅在圣洛伦佐区完成了 3 栋房屋的改造。

协会制订的房屋改造计划如下：

A：拆除每栋建筑后建的部分。搭建这部分只是为了获得更多的租金，然而，正是这部分建筑的存在，遮挡了大部分房屋的阳光。将这部分建筑拆除后，房屋的通风和采光情况将得到极大的改善，这里也会因此变得更加宜居。

B：增加楼梯的数量，并用更加合理的方式划分房间。将原来有 6 个或 7 个房间的大套间改造成有 1 个、2 个或 3 个房间的小套间，每个套间都配有厨房。

尽管改造计划的实施进度比较慢，但它取得的成效非常明显。大套间被分割之后，人们有了属于自己的隐私空间，而且这个隐私空间的环境和以前相比有了很大改善。对于住户而言，改善后的房屋才能称之为"家"。住户不必再流浪街头，住户与住户之间不必要的接触也变少了，悲惨事件发生的概率大大降低。另外，由于协会的介入，中介的转租行为被杜绝，住户不需要支付更高的租金，便可以住进这些改善后的房屋。

当然了，要想持续享受这些好处，用户也需要承担起一定的责任。他们需要缴纳适量的房屋维修税，与此同时，收到干净房子的租户必须保持房子的整洁，也必须保护从大门到他自己小公寓内部的墙壁。那些保持房子状况良好的租户会得到应有的认可和尊重。这些房子的维修工作也交给了这里的租户。事实证明，租户们把房子保护得很好，没有一个污点。

出于获得美好生活而展开的一种良性竞争，促使生活在这片区域的人们产生了一种自豪感，即全体租户所在的大楼得到最好的照料，以及自己达到了更高的生活水平而感到自豪。如今的他们，不仅仅是住在房子里，他们懂得爱护他们居住的房子，也懂得如何生活。

这样的变革还产生了其他影响。租户们在注重房子卫生的同时，逐渐认识到了个人卫生的重要性。在干净的房子里，他们不允许存在肮脏的家具，也不允许自己是肮脏的。

为了满足租户的这一需求，协会进行了卫生改革，而卫生改革的一个重点就是浴室改革。每套改造后的公寓都有一个专门的浴室，配有浴缸或淋浴，有冷热水供应。租户可以轮流使用这些浴室。这是一个极大的便利，只要人们想，便可以保持自身的清洁。在住宅楼里，同时供应热水和冷水，这和一般的公共浴池相比，是一个极大的进步。

在协会推进计划的过程中，遇到了一个困难，那就是那些学龄前的儿童，他们的父母外出工作时，他们必须整天独自留在家里。这些小孩不懂得爱护房屋的意义，他们变成了无知的小破坏者，在墙壁和楼梯上乱涂乱画。为了解决这个问题，协会又推行了另一项改革措施，即用租户缴纳的租金的一部分以及房屋维修税创办"儿童之家"。他们的孩子被寄托在"儿童之家"，这样，他们就可以安心地外出工作了。这项改革措施可以进一步促使租户爱护房屋。房屋维修税的设立初衷是用于维修房屋，如果人们能够爱护房屋，房屋维修税就可以节省下来，"儿童之家"就可以持续地创办下去。

为了让父母配合"儿童之家"的工作，在"儿童之家"的墙上贴着一则条例：父母把孩子送到"儿童之家"时，有义务保持孩子的干净，同时要配合教师的教育工作。

这则条例其实包含了两项义务：对孩子身体的照顾和道

德教育。如果通过与孩子们交谈，或者从孩子们的行为中发现家长没有尽到配合教师的义务，"儿童之家"便会把孩子送回家，以此来告诫那些家长，要懂得珍惜宝贵的机会。换言之，如果有些家长自甘堕落、自暴自弃，那么他们的孩子将会重新回到无人照顾的悲惨生活中。因此，要想享受"儿童之家"的福利，家长必须学会配合教师的工作，以保留他们孩子在"儿童之家"的名额。

其实，家长只需要按照协会的要求去做就行了，因为"儿童之家"的教师已经做好了准备，而且愿意对家长进行指导。按照规定，家长每周至少去"儿童之家"一次，与教师进行交流，汇报孩子的情况，并接受教师提出的任何有益的建议。这些建议将对孩子的健康成长和教育起到巨大的启示作用。

"儿童之家"的教师是一位有文化、有教养的人，她和这里的租户一样，居住在出租屋里，所以她可以随时为家长们提供服务。这一事实具有极其重要的意义。在这些几乎像野人一样的人中间，在这些晚上没人敢不带武器四处走动的房子里，来了一位有文化、有教养的淑女，一位专业的教育工作者。她不仅来这里教书，还与他们过着同样的生活，将自己的时间和生命奉献给身边的人。她是一名真正的"传教士"，也是人民心中的道德楷模。我相信，她一定可以从自己的工作中收获前所未有的善果。

曾经的贫民区展现出了新的面貌，这在以前似乎是一个不可能实现的梦想，但事实证明，这个梦想实现了。在此之前，一些慷慨的人也曾试图到贫困的群体中去生活，以教化他们。但他们都以失败告终，因为穷人居住的房子不符合卫生标准，那些慷慨的人根本无法居住在那里。即便有些慷慨的人可以居住在那里，但除非租户们因为某种共同的利益或兴趣团结起来，努力追求更美好的事物，否则教化他们的目的也不可能实现。

贫民区的新面貌还体现在"儿童之家"这一教学组织上。这里并非一个看管孩子的地方，也不是一个收容所，而是一所真正用于教育的学校，其教育方法受到了科学教育学的理性原则的启发。

学校关注孩子们的身体发育，教师则从人类学角度研究他们。语言练习、系统的感官训练以及让孩子们适应生活的锻炼，构成了学校教育的基础。这里的教学是绝对客观的，教学材料也十分丰富。

在这里，我不可能把所有东西都详细地讲述出来。然而，我必须提到一点，学校配备了一个浴室，孩子们可以在那里洗热水澡或冷水澡，并学习如何洗局部，如手、脸、脖子和耳朵。只要有可能，协会便会给孩子们提供一块地，让他们在那里学习种植常用的蔬菜。

在这里，我还需要重点提及"儿童之家"作为教育机构所取得的教育进步。了解学校教育的人都清楚，今天的人们非常关注一个教育原则，这个原则是理想化的，几乎难以实现，它就是家庭和学校在教育目标方面的结合。对于学校而言，家庭就像一个幻影，学校永远无法触及。因此，我们说家庭和学校在教育目标方面的结合是难以实现的。然而，在这里，我们第一次看到了实现这个教育理想的可能性。我们把学校建在住宅楼内，甚至将其视为集体财产的一部分。孩子们的父母可以亲眼看到教师是如何完成教学活动的。

这种学校归集体所有的想法新颖且美好，具有十分深远的教育意义。

家长们知道，"儿童之家"是他们共有的财产，是由他们支付的租金的一部分以及房屋维修税来维持的。他们可以在任何时间到那里观看或欣赏孩子的学习生活。这一切激励着家长们，让他们不断反思该如何帮助自己的孩子进步。我们可以说，家长们对"儿童之家"充满了向往，他们也非常尊重"儿童之家"的教师，并对教师表现出了细致周到的关心。家长们经常在学校教室的窗台上留下糖果或鲜花，以此作为一种无声的、虔诚的祝福。

在家长与"儿童之家"经过三年的配合后，他们一定会获得成长。当他们把孩子送进普通学校时，他们一定可以非常好地配合学校的工作。此外，他们还会产生一种感觉，这种感觉即便在最好的阶层中也很难找到，那就是他们必须通过自己的行为和自己的美德，来配得上拥有一个受过教育的孩子。

"儿童之家"作为一所教育机构所取得的另一进步与科

学教育学有关。迄今为止，教育学的这一分支都是基于对被教育学生进行人类学研究，这只触及了少数旨在改变教育的积极问题。人不仅是生物学的产物，也是社会的产物，而个体在教育过程中的社会环境，就是家庭。如果科学教育学不能成功影响新一代的成长环境，那么它寻求改善新一代的努力将是徒劳的。我相信，通过向新真理的光芒和文明进步敞开大门，我们已经解决了能够直接改变新一代成长环境的问题，可以实际的方式应用科学教育学的基本原则。

"儿童之家"的存在还标志着另一项胜利，它是家庭社会化迈出的第一步。居民们在自己的屋檐下发现了寄托孩子的地方，这个地方不仅安全，而且在教育方面具有种种优势。

请记住，住在公寓里的所有家长都可以享受这一特权，他们可以安心地去工作。之前，社会上只有一类人能够享有这种待遇，那就是有钱的女性。她们可以外出从事各种工作和娱乐活动，把孩子交给保姆或家庭教师照看。如今，住在这些经过改造的房子里的普通女性也可以像贵族女性一样说："我把儿子留给家庭教师和保姆了。"不仅如此，她们还可以像皇室公主一样补充说："还有家庭医生在照顾他们，指导他们健康、茁壮地成长。"她们还拥有一份"成长记录表"，这份表格由教师和医生填写，她们可以通过表格了解孩子的成长状况。

我们深知对环境进行共有改造的优势，如集体使用火车车厢、路灯、电话等，这些都为人类生活带来了极大的便利。工业进步带来了大规模生产，这使得大部分人都能穿上干净的衣服，用上地毯、窗帘，享用美食佳肴，使用更好的餐具，等等。这些好处的实现缩短了社会阶级的差异。这一切我们都在现实中看到了。而人的共有化是一个新的趋势，也是一个新的理想，公众可以共同享受护士、教师的服务，并从中得益。

在"儿童之家"，我们实现了这一理想，这在意大利甚至全世界都是独一无二的。它的意义非常深远，因为它符合时代的需求。我们不能说，母亲为了工作放弃照顾孩子就是放弃了她最重要的社会责任，因为今天的社会要求女性必须从事劳动生产，这迫使她们不得不放弃她们最珍视的责任，即照顾孩子。无论如何，母亲必须离开孩子，而且往往是怀着孩子被抛弃的痛苦离开的。"儿童之家"的受益者并不局限于劳动阶层，它还可以惠及广大的中产阶级，他们中很多人都是脑力劳动者。例如，教师因为要在业余时间给学生补课，不得不把孩子交给佣人照顾。事实上，在"儿童之家"首次宣布成立后，许多较富裕阶层的人纷纷来信，要求将这些有益的改革推广到他们所生活的地方。

在"儿童之家"，我们将母亲的职能共有化，本该由数十位母亲承担的责任被"儿童之家"的教师和医生承担，那些母亲可以放心地外出工作。当她们结束一天的工作回到家，便可以继续担起作为母亲的责任。另外，所有母亲在任何时间都可以去"儿童之家",只要她们想,她们可以随时从"儿童之家"身上接过作为母亲的责任。总之,在"儿童之家",我们可以看到许多看似无法解决的女性问题得到了解决。有人或许会问:"如果女性离家工作,这个家会变成什么样子呢?"我的答案是,家庭的生活模式将会发生变革。

我相信,在未来的社会中,其他形式的共有生活一定会出现。

我们不妨以医务室为例子来进行说明。之前,在家庭中,女性一直扮演着护理者的角色,当家里出现病人之后,女性需要陪在病人身边,照顾他的生活起居。然而,在如今这个社会,女性不得不外出工作,她们不得不把病人留在家里,因为工作竞争非常激烈,如果长时间请假,那么她很有可能会丢掉工作。如果公寓有一个"公共医务室",她就可以把病人留在那里,等她下班或者空闲的时候,再去那里看望病人。对于她们而言,这无疑提供了极大的便利。

"公共医务室"还可以在隔离和消毒方面发挥巨大的作用。当一个孩子患上某种传染病时,最该做的就是把他隔离起来,但对于贫困家庭而言,这很难实现。如果公寓有一个"公共医务室",家长便可以把孩子托付给他们照顾,这不仅实现了隔离的目的,还可以让孩子受到更加专业的照顾。

公共厨房的设想离我们更加遥远,但并不是不可能实现。人们可以在早晨预定饭菜,厨房按照约定的时间制作饭菜,并准时把饭菜送到预定人手中。事实上,美国已经成功地尝试了这种做法。对于中产阶级而言，公共厨房意义重大。以前，他们只能把自己的饮食健康和餐桌上的快乐托付给仆人，而这些仆人大部分不擅长烹饪。面对这种令人无奈的情况，他们唯一的替代方案是到外面的咖啡馆吃个便餐。

我们必须认识到一点，越来越多的女性走出家门找到了工作，她们已经成为工薪阶层，所以住房的改造必须弥补女性在家庭中责任的缺失。因此，居民的住宅区应该成为一个社区的中心，其周围应该建立一些原来没有的设施，如学校、公共浴室、医院等。

由此可见，将那些曾是罪恶和危险之地的出租公寓改造成集教育、医疗和休闲为一体的社区中心，是大势所趋。除了为孩子们开设学校，最好还要为居民，尤其是为男人们开设俱乐部和阅览室，让他们可以在那里愉快地、体面地度过夜晚。出租公寓的俱乐部就像"儿童之家"一样，对所有社会阶层的人来说都是可行且有益的。俱乐部的出现会在一定程度上取代酒吧和赌场，居民的道德水平将会得到提升。我相信，罗马优质建筑协会很快会在圣洛伦佐区改革后的出租公寓中建立这样的俱乐部。在这些俱乐部里，居民们可以读书、看报，还可以听一些有益于身心发展的讲座。

随着社会状况和经济状况的改变，女性不得不将时间和精力投入有报酬的工作中，但我们无须担心家庭会因此支离破碎。我们设立的服务机构，承担了本该由家庭主妇承担的责任。或许有一天，租户们只需要支付一笔钱，便可以获得所有让生活变得舒适的必需品。换言之,管理员将成为每一个家庭的管家。

从这个角度来看,改造后的住宅可以具备比"家"更广泛的含义。住宅是由几面墙壁组成的,这几面墙壁守护着这个家庭的亲密关系,而亲密关系是这个家庭的神圣象征。在我们设立的服务机构的辅助下,我们的住宅具有了生命,具有了灵魂,它如同女性温柔的臂膀,拥抱着家庭中的每一个人。它是道德生活的给予者,是福祉的源泉。小孩子可以在这里得到教育和照顾,大人则可以在这里得到充分的休息,使疲倦的身心得到恢复。

新时代的女性,就像破茧而出的蝴蝶一般,将彻底从男性所期望的属性中解脱出来。她们将像男人一样,成为一个独立的个体,一个自由的人,一个社会工作者。她们也会像男人一样,在这个已经改造后的住宅里得到充分的休息,并获得祝福与安宁。

我相信,每一位女性都希望被爱,而不是仅仅在这个家庭中以照顾者的角色存在。她们希望得到一份不受任何形式束缚的爱情。其实,人类的爱情从来不是为了满足个人的私欲,而是为了使自由精神的力量倍增,使其近乎神圣。人类则在这种纯粹的爱情中得以延续文明。

　　这种纯粹的爱情在弗里德里希·威廉·尼采①所著的《查拉图斯特拉如是说》②一书中所描述的女性身上可以看到。书中的女性问自己的丈夫："你为什么需要我？"丈夫答道："或许是因为生活太过寂寞。"女性摇摇头说："如果是那样，请你远离我。我需要的是一个有着崇高精神的男人，他的肉体和灵魂都能够与我契合，我们共同孕育一个更完美、更强壮的孩子。"

　　因此，保持身体健康，不断提升个人素质，并孕育更加优秀的后代，才是人类婚姻的目的。这是一个崇高的目标，然而，迄今为止，很少有人能够想到它。我认为，未来的家庭，不仅要家庭和睦，充满生机，还要扮演着教育者和安慰者的角色，这样，才能使人类这个物种变得更好，人类文明也将获得进一步的发展。

---

① 弗里德里希·威廉·尼采：德国著名哲学家、文化评论家、语言学家、诗人、作曲家、思想家，主要著作有《权力意志》《不合时宜的考察》《悲剧的诞生》《查拉图斯特拉如是说》《论道德的谱系》《希腊悲剧时代的哲学》等。

② 《查拉图斯特拉如是说》出版于1883年，是一本以散文诗体写就的哲学著作。该书几乎包括了尼采的全部思想，是尼采的主要著作之一。

"儿童之家"的规章制度

罗马优质建筑协会在其所管理的公寓内设立了一所"儿童之家",所有租户的学龄前儿童都可以加入"儿童之家"。

设立"儿童之家"的主要目的是为那些因工作必须外出的父母提供免费服务,代其照管那些他们无法亲自照看的孩子。

在"儿童之家",我们关注儿童的教育、健康以及身心发展。这项工作会根据儿童的年龄以合适的方式进行。

"儿童之家"将配备一名教师、一名医生和一名看护员。

"儿童之家"的时间安排由教师确定。

公寓内三岁到七岁的儿童均可加入"儿童之家"。

希望利用"儿童之家"的便利的家长无须支付任何费用。然而,他们必须承担以下责任:

(1)在指定的时间将孩子送到"儿童之家",确保孩子身体和衣物干净,并提供合适的围裙。

(2)对教师及所有与"儿童之家"有关的工作人员表现出最大的尊重,并积极与教师合作。家长与教师每周至少进行一次交谈,告知教师孩子在家的表现情况,并从教师那里获得有益的建议。

　　有下列情形之一的，他们的孩子将被驱逐出"儿童之家"：

　　（1）不洗澡或穿着脏衣服的儿童。

　　（2）经常犯错且屡教不改的儿童。

　　（3）家长不尊重"儿童之家"的工作人员，或者家长的不良行为影响了"儿童之家"的教育工作。

【第四章】

"儿童之家"的教育方法

———

当我得知我可以管理一个班的儿童时，我希望这里可以成为一个实验教育学和儿童心理学的"科学试验田"。其实，我最初并不认可儿童心理学，甚至认为儿童心理学并不存在。事实上，关于儿童的实验性研究，如鲍德温[①]和普莱尔的研究，都仅仅基于两个或三个受试者，即他们自己的孩子。此外，心理测量学的工具必须得到极大的改进和简化，才能应用到儿童身上，因为儿童不会像实验对象那样被动地配合。因此，儿童心理学只能通过外部观察的方法来建立。我们必须放弃记录儿童内部状态的所有想法，因为儿童的内部状态只有通过他们自身的内省才能揭示出来。目前来看，应用于教学法的心理测量研究工具，也仅适用于感觉测量阶段的研究。

我的想法是既要了解他人的研究，也要让自己独立于他

---

① 鲍德温：美国心理学家，"发生逻辑"的创始人，主要著作有《心理学手册》《儿童与种族的心理发展》《心理发展的社会和伦理注释》等。

们的研究，这样我才能带着先入为主的观念进行我的工作。当然，我保留了威廉·冯特①的观点，更确切地说，是他的定义，即"所有实验心理学的方法都可以归结为一种，即仔细记录对受试者的观察"。

在处理儿童问题时，另一个必须介入的因素是儿童发展研究。在这里，我虽然坚持了一般性的标准，但不坚持任何教条思想，如必须按照年龄区分儿童活动。

人类学层面的思考

关于儿童身体发育，我首先考虑的是对儿童进行规范的人体测量，测量内容为人体最重要的部分。

我设计了一种测量仪，测量的高度范围是 0.5 ～ 1.5 米。测量仪上可以放下一个高 30 厘米的小凳子，儿童可以坐在上面，测量他的坐姿高度。为了提高测量效率，我对测量仪进行了改进，上面有两种刻度，一种刻度用于测量儿童站着时的身体高度，另一种刻度则用于儿童坐姿高度的测量。两种刻度互不影响，教师可以同时测量两个儿童，也免去了移动座椅的麻烦。

---

① 威廉·冯特：德国生理学家、哲学家、心理学家，被誉为"实验心理学之父"。他的研究领域非常广泛，涉及心理学、生理学、哲学、物理学、逻辑学、语言学、伦理学等。

在完成测量仪的改进工作后，我决定每个月都测量孩子们的身高，包括坐着和站着的身高。为了使这些测量尽可能准确地反映孩子们的发育情况，同时使教师的研究工作更具规律性，我制定了一个规定：以儿童的生日为起点，每过一个月，进行一次测量。为此，我设计了一张登记表，形式如下：

××儿童身高登记表（九月）

日期	身高	
	立高	坐高
1		
2		
⋮		
29		
30		

关于儿童体重的测量，我是这样设计的：将体重秤放在浴室的更衣室，在儿童洗澡前，给他称一次重。称重的时间按照他的出生日来确定。例如，某儿童的生日在星期三，那就每周三给他称一次体重。这样设计还有一个好处，避免儿童洗澡的时间集中在某一天。当然，每天给儿童洗澡无疑更好，但一个班级中有五十多个儿童，而浴池面积有限，无法

容纳这么多儿童一起洗澡。因而，我们把儿童洗澡的时间设计成一周一次。

下表是我设计的用来记录儿童体重的登记表。

××儿童体重登记表

星期	九月			
	第一周（磅）	第二周（磅）	第三周（磅）	第四周（磅）
星期一				
星期二				
星期三				
星期四				
星期五				
星期六				
星期日				

在我看来，对儿童进行上述测量非常有必要，这是教师必须进行的一项工作。我的想法是，教师负责上述测量工作，其他的测量工作则交给一位医生。

为了全面了解儿童的成长情况，我设计了儿童成长记录表，形式如下：

儿童成长记录表

编号		
姓名		
父亲姓名		
母亲姓名		
年龄		
遗传情况		
身体素质		
肌肉状况		
肤色		
发色		
站高		
坐高		
体重		
胸围		
身高指数[①]		
体重指数[②]		
头部	头围	
	前后直径	
	左右直径	

[①] 身高指数：坐高与站高之比。
[②] 体重指数：身高与体重之比。

表格设计得非常简单，因为我希望教师和医生可以独立地使用它们。

对儿童进行规范的人体测量具有一定的教育意义。当他们离开"儿童之家"时，他们可以清楚且肯定地回答下述问题：

你是星期几出生的？

你是几号出生的？

你的生日是什么时候？

此外，通过经常性的测量，儿童也会养成自我观察的好习惯。事实上，他们很喜欢被测量，当教师提出要给他们测量身高时，他们会马上脱掉鞋子，并开心地跑到测量仪上。他们的姿势非常标准，教师根本不需要费力去纠正他们，只需要调动测量仪的指针，读出结果。

除了对儿童进行必要的测量，医生还需要关注儿童的健康状况，当发现儿童出现发育畸形、佝偻病、小儿麻痹症等疾病时，要及时和儿童家长沟通，并采取必要的治疗方法。

我发现，在诊所接诊时经常询问患者的问题，并不适用于我们的学校，因为居住在这些公寓里的人大部分是完全正常的。因此，我鼓励学校的负责人通过与家长们的对话收集更实用的信息。他们应了解儿童父母的教育背景、习惯、收入情况、家庭开支等，并用勒普累①所使用的方法大致描述出每个家庭的情况。当然，这种方法只有负责人与学生家庭居住在同一社区中才具有可操作性。

在任何情况下，医生针对孩子的卫生所提供的建议都将对家长们大有裨益。负责人应当在这方面起到中间人的作用，因为家长们对其非常信任，而且由其来传达此类建议显得更加合理。

环境：教室陈设

对儿童进行观察所采用的方法必须包括对儿童形态发展的系统观察。虽然这一元素必不可少，但观察方法的建立并不依赖于这种特定类型的观察。

观察方法需要建立在一个基础之上——儿童可以自由地表现自己。

基于这一点，我首先关注的是环境问题，这包括了教室的布置。我认为，一个宽敞的操场和足够空间的花园是学校环境的重要部分。当然，我提出的这一点并不是什么新颖的建议。

---

① 勒普累：法国社会学家、工程师，19世纪对社会现实进行经验研究的先驱者之一。他认为家庭是社会的基本单位，通过测量家庭的物质生活和稳定性，可以反映社会的状况。

其新颖之处或许在于我对这片户外空间使用的构想：让其与教室直接相连，以便孩子们可以随心所欲地进出。稍后我会更加详细地阐述这一点。

教室陈设方面的首要改动就是取消了课桌和固定的长凳或椅子。我让人制作了一些八边形的桌子，这些桌子既稳固结实又非常轻巧，只需要两个四岁的儿童就可以轻松搬动它。

我还设计并制造了小椅子。起初，我计划让这些椅子配有藤编座面，但经验证明，这种材质磨损严重，因此我现在改用全木制的椅子。这些椅子不仅轻便，外形也很美观。除此之外，我在每个教室还配备了一些舒适的小扶手椅，其有些是木制的，有些是藤编的。

我们学校的另一件家具是一个专为幼儿设计的矮小洗脸台，即便是三岁小孩也能轻松使用。洗脸台涂有白色防水瓷漆，除了上下两层宽阔的搁板用来放置白色瓷质脸盆和水壶，两侧还有一些小架子，用来放置肥皂盒、指甲刷、毛巾等物品。洗脸台旁边有一个容器，儿童洗完脸后，可以把脸盆里的水倒进去。只要条件允许，每个儿童都会有一个小柜子，用来存放他们各自的肥皂、指甲刷、牙刷等个人用品。

在每个教室中，我们都放置了一排特制的矮长橱柜，专门用来收纳教学材料。这些橱柜的门很容易就能打开，材料交由孩子们管理。橱柜顶部则用来摆放盆栽植物、小型水族箱，以及孩子们的各种玩具。我们给黑板留出了足够大的空间，而且确保了即便最小的儿童也能轻松使用。每个黑板都配有一个小盒子，里面放着粉笔和用来代替普通板擦的白色抹布。

黑板上方挂着我们精心挑选的图片，这些图片所描绘的场景很容易激发孩子们的兴趣。在位于罗马的"儿童之家"中，我们挂了一幅拉斐尔的《椅中圣母》的复制品，并将这幅画当作"儿童之家"的象征。因为，"儿童之家"不仅代表了社会进步，而且代表了全人类的进步，它与提升母亲形象的理念、女性的进步以及对她们后代的保护紧密相关。

这便是我为孩子们精心选择的环境。

我知道，对于习惯于传统管教方法的人来说，第一个反对意见会是什么——学校里的儿童四处走动，会打翻那些小桌子和椅子，制造出噪声，甚至造成混乱。但这是长期存在于那些和小孩打交道的人心中的一种偏见，并无真实依据。

多个世纪以来，襁褓一直被认为是新生儿的必需品，学步椅也被认为是学步儿童的必需品。同样的，在学校里，人们认为有必要把沉重的课桌椅固定在地板上。所有这些都基于儿童应该乖乖地坐在椅子上不乱动的理念，以及一个奇怪的偏见：为了执行教育活动，我们必须保持身体的特定姿势——就像我们相信在祈祷时必须采取特定的姿势一样。

我们的小桌子和椅子都很轻，易于搬动。我们允许儿童搬动桌椅，搬到他们觉得最舒适的位置。这种做法不仅是自由的体现，而且是教育的一种手段。如果一个儿童因为笨拙的动作碰倒了椅子，他会意识到自己的不足。如果采用固定长凳，长凳有可能纹丝不动，儿童自然也就不会意识到自己的不足。当儿童意识到自己的不足，并学会了自我纠正后，他将直观地看到自己获得的能力：小桌子和椅子稳稳当当地立在原位。很明显，他已经学会了控制自己的动作。

在传统方法中，儿童需要在自己的位置上保持安静。一动不动和缄默不语不利于儿童学会控制自己的动作，当他们处于家具没有固定在地板上的环境中时，很容易碰倒那些较轻的家具。在"儿童之家"，儿童不仅能学会控制自己的动作，还会了解做这些动作的原因。他在这里获得的行动能力将受用终生。当他还是个小孩子时，他就能够正确且自由地行动。

米兰一所"儿童之家"的女教师在窗户下方搭建了一个狭长的架子，上面放着装有金属几何形状模具的小桌子，这些模具用于儿童初次学习设计课程。但是架子太窄了，孩子们在挑选想要使用的金属模具时，经常会弄翻小桌子，导致里面的金属模具散落一地。女教师打算把架子换掉，但木匠迟迟没有来。在此期间，她发现孩子们逐渐学会了小心翼翼地行动，即便架子又窄又斜，他们也不会把小桌子弄翻在地了。

孩子们通过细心调整自己的动作，弥补了家具本身存在的缺陷。由此可见，外部物体的简陋或不完善往往有助于培养学生的主动性和灵活性。这是我们在"儿童之家"应用我们的教育方法发现的惊喜之一。

这一切看起来都非常合乎逻辑。现在它已经被付诸实践并通过文字表述了出来，所以对每个人来说，它就像哥伦布把鸡蛋立起来一样简单。

【第五章】

纪律

———

教育方法中观察法的实施必须以儿童的自由为基础。

纪律必须通过自由来实现。这是一个在普通学校中采用传统教育方法的追随者难以理解的伟大原则。如何在一群自由的儿童中做好纪律建设工作呢?

在我们的教育系统中,我们对纪律的理解与人们普遍接受的理念大相径庭。如果纪律是建立在自由之上的,那么这个纪律本身必须是积极的。我们并不认为只有当一个人被人为地弄得像哑巴一样沉默,像瘫痪病人一样不能动弹时,他才算受到了纪律的约束。准确来说,那样他只是一个被消灭的个体,而非一个具备纪律性的人。

我们认为一个人具备纪律性,是指他能够自我控制,并在必要时通过一定的生活规则来调整自己的行为。这种概念,无论是理解还是实践都不容易。但它确实包含了一个重要的教育原则,与过去那种绝对强制的、要求一动不动的纪律截然不同。

要想引导儿童走上这条纪律之路,并让他在此后的人生中一直沿着该路线不断前进，教师就必须掌握一种特殊的技巧。儿童现在学习的是如何活动，而不是静坐着一动不动，他们为的不是适应学校，而是为了适应社会生活。通过练习，他们能够轻松且正确地完成社会或社区生活中的简单行为。因此，孩子们在这里养成的纪律意识，其性质并不局限于学校环境，而是延伸到了社会环境。

当然，儿童的自由不能以牺牲集体利益为代价，所以我们必须制止他们任何冒犯或干扰他人的行为，以及任何粗鲁或不礼貌的行为。但除此之外的一切，只要是积极的行为，无论它是什么，以什么形式表现出来，教师都必须允许，并且要对它加以观察。这里的关键是，教师不仅要具备观察自然现象的能力，还要有观察自然现象的愿望。在我们的教育体系中，教师必须理解并感受他作为观察者的位置，他在观察儿童时不能主动施加影响，其观察必须基于对科学的好奇和对观察对象的绝对尊重。

这些原则适用于那些首次展现心理表现的儿童。当他们刚开始活跃时，我们无法知道扼杀一个自发行为的后果，也许我们扼杀的是生命本身。在孩童时代，人类展现出了自己所有的智慧光辉，就像太阳在黎明时展现自己，花朵在花瓣初绽时展现自己一样。我们必须尊重这些个性的最初表现。如果说任何教育行为都是有效的，那么它只能是有助于完整展现生命的行为。要做到这一点，教师一定不能阻碍儿童的自发行为，也不能强加任何任务。当然，我们这里所讲的不包括无用或危险的行为，因为这些必须被抑制、消除。

要使那些没有为科学观察做好准备的教师适合这种方法，就必须进行有效的培训和实践，其对于那些习惯了普通学校中的传统教育方法的教师来说尤为必要。我在培训学校培训教师的经验使我深信，这些方法与那些传统方法之间存在巨大的差距。即使是理解这一原则的聪明教师，也很难将其付诸实践。他无法理解，他的新任务看起来是被动的，就像天文学家坐在望远镜前一动不动，而宇宙星球在空间中旋转一样。

教师已经习惯于成为学校中唯一的自由活动者。事实上，他的做法是在扼杀学生的创造力。

在"儿童之家"的最初几天里，当他的课堂无法保持秩序和安静时，他会尴尬地环顾四周，仿佛在请求公众原谅，并呼吁在场的人为他的清白作证。我们反复向他强调，一开始的混乱是正常的，但我们的强调似乎没有起到作用。最后，当我们要求他除了观察什么也不做时，他会产生一种想法：自己是不是应该辞职。因为在他看来，此时的他完全不像一位老师。

但是，当他开始发现自己有责任去辨别哪些是应该阻止的行为，哪些是应该观察的行为时，他的内心便会感到一种巨大的空虚，并开始怀疑自己是否能完成这项新任务。事实上，那些没有做好准备的教师会在很长一段时间内感到羞愧和无能。而教师的科学文化越广博，实验心理学的实践越多，实验心理学的实践经验越丰富，他就能越早领略生命的奇迹，并对它产生兴趣。

我在"儿童之家"实践的前几天，观察了教师的行为，他们几乎不由自主地叫孩子们保持一动不动，而不去观察和区分他们所压抑的动作的性质。例如，有一个小女孩召集她的同伴围绕在她身边，然后在他们中间开始讲话、做手势。教师看到后，立刻跑到她身边，抓住她的手臂，让她安静下来。我通过观察，发现小女孩在扮演教师或妈妈的角色，正在教其他人做晨祷。她已经展现出领导者的气质。还有一个孩子，总是做出杂乱无章、方向错误的动作。在教师眼里，他是一个叛逆的孩子。有一天，他表情专注地移动着桌子。教师看到后，立刻上前阻止他，让他停下来，因为他制造了太多噪声。然而，这是这个孩子第一次做出协调且目的明确的动作，值得鼓励。事实上，从那以后，只要他有小物件可以在桌上移动和排列，他就会像其他孩子一样变得安静和快乐。

还有一种情况经常发生。当教师把用过的各种材料放回盒子时，会有孩子走过来拿起物品，显然，孩子是想模仿教师的行为。而教师的第一反应是让他回到自己的座位上，并告诫他以后不可以这样做。其实，这是一个难得的可以教孩子将东西按照顺序摆放好的机会，但被教师白白浪费掉了。

一天，一群儿童围着一个装有一些漂浮玩具的水盆站成一圈。圈子外有一个两岁半的小男孩，不难看出他充满了强烈的好奇心。我在远处饶有兴趣地看着他。他先是靠近其他儿童，试图挤到他们中间去，但他的力气不够大，于是就站在那里东张西望。他小脸上若有所思的表情非常有趣。我真希望当时能有一台照相机，这样我就可以给他拍照了。此时，他的目光落在一把小椅子上，看来，他打算把它放在那群孩子的身后，然后爬上去。他开始向椅子走去，脸上洋溢着兴奋的光芒，但就在这时，教师粗暴地（在他看来，是温柔的）把他抱了起来，举过其他儿童的头顶，让他看那盆水，说："来吧，可怜的小家伙，你也看看吧！"

小男孩虽然看到了漂浮的玩具，但并没有体验到用自己的力量克服障碍的快乐。其实，仅仅看到这些物品对他并无益处，他本可以通过自己的努力使自己获得成长。可以说，教师阻碍了儿童的自我发展，却没有给他任何的补偿。小男孩原本即将感受到自己是个征服者，结果却发现自己被两条手臂所束缚。那份曾让我深感兴趣的喜悦、焦虑与期待的表情从他脸上消失了，取而代之的是一个知道别人会为他做事的平静的表情。

当教师对我的观察方法感到厌倦后，他们开始允许儿童随心所欲地做事。我看到有的儿童把脚放在桌子上，有的则把手指伸进鼻子里，而教师没有采取任何措施。我看到有的儿童在推搡同伴，我在这些孩子的脸上看到了暴力的表情，而教师对此毫不在意。这时，我不得不介入，并以十分严肃的态度指出，当孩子们做不该做的事时，大人必须阻止他们，让他们能清楚地辨别善与恶。

纪律要想持久，就必须以这种方式奠定基础，而最初的日子对教师来说是最艰难的。为了让孩子们遵守纪律，教师要做的第一件事是让他们学会辨别善与恶。期间，教师的任务就是确保孩子们不会把善与一动不动混为一谈，把恶与好动等同，就像传统教育模式中经常发生的那样。

在我看来，教室里所有的儿童都能自由自在地走来走去，并且没有任何粗鲁的行为，这就是最理想的课堂纪律。

像普通学校那样让孩子们排成一排，为每个小孩指定一个位置，并要求他们安静地遵守整个班级的秩序——这可以作为集体教育的起点，在以后实现。毕竟，在生活中，有时也需要所有人坐着时保持安静，如听音乐会或讲座时。当然，我们需要知道，即使对我们成年人来说，这也不是一件容易的事。

在让儿童遵守整个班级的秩序这件事上，教师需要知道，这是教育的结果，而不是强迫儿童的结果。在引导儿童建立起个人纪律之后，教师需要引导他们理解一种想法，即遵守整个班级的秩序是一件好事。在理解了这个想法后，孩子们便不会再随意地站起来、说话或换地方。如果他们出现了这些行为，这就说明他们想要这样做了。换句话说，他们是有目的地做那些事，并且他们在做的时候，也知道那些事是被禁止的。

随着时间的推移，孩子们在有序状态中做出的动作会变得越来越协调和完美。因为他们学会了反思自己的行为。现在（孩子们具备了遵守秩序的观念），观察孩子们如何从最初的无序状态转变为自发而有序的状态是教师最该做的工作，这能启发他思考。如果他想成为一个真正的教育者，他必须认真完成这一工作。

经过训练，孩子们很有可能会产生一种倾向，那就是选择自己的行为。换句话说，他们会选择自己想做的事。这种倾向最初在他们无意识的混乱行为中是模糊不清的。如果我们采取正确的训练方法，孩子们的差异就会非常明显地展现出来，有意识且自由的儿童将展现出他的个性。

有些儿童静静地坐在座位上，显得有几分冷漠，或是昏昏欲睡；有些儿童则离开他们的位置去争吵、打斗或推翻各种玩具；还有一些儿童会目标明确地做出一些行为——将椅子移动到特定的地点并坐下，或者移动一张闲置的桌子，并在上面安排他们想玩的游戏。

我们对"儿童自由"这一概念的理解不能等同于我们在观察植物、昆虫等时使用的自由的概念。

儿童由于身心发展还不成熟，很容易感到无助，而且他们是社会中的一员，所以他们的行为会受到种种限制。

一个以自由为基础的教育方法必须帮助儿童克服种种障碍。换句话说，对他们的训练必须基于减少对他们的种种限制。

当儿童可以在这样的环境中成长，他们的自我表现将变得更加清晰，他们的本性也会更加直观地展现出来。基于所有这些原因，教育干预的第一种形式必须倾向于引导儿童走向独立。

独立

自由以独立为前提，因此，必须引导儿童走向独立。其实，从儿童断奶的那一刻起，便开始向独立迈进了。如何判断一个儿童是否断奶了呢？简单来说，他不再完全依赖母乳，可以吃其他食物。

尽管如此，他仍然依赖他人，因为他还不能行走，不能自己洗漱和穿衣，也不能用清楚易懂的语言提出需求。而到了三岁，儿童会变得更加独立和自由。

任何教学活动，如果要在训练幼儿方面取得成效，就必须帮助幼儿在独立的道路上前进。我们必须帮助他们学会在没有帮助的情况下走路、跑步、上下楼梯、捡起掉在地上的东西、自己穿脱衣服、自己洗澡、清楚地说话和清楚地表达自己的需要。我们需要提供这样的帮助，使孩子们能够实现他们自己的目标和愿望。这是独立性教育的一部分。

我们习惯了为儿童服务，但这其实束缚了他们，而且这种做法很危险，因为它会扼杀儿童有益的、自发的活动。我们经常像对待木偶一样对待儿童，为他们洗澡、喂食。我们没有意识到：不做事的儿童是不可能知道如何做事的。然而，他们必须做这些事情，自然已经赋予了他们进行这些活动的身体能力，以及学习如何做这些事情的智力能力。在任何情况下，我们的责任都是帮助他们掌握那些大自然意在让他们自己完成的有益行为。一个母亲如果不努力教孩子自己拿勺子，并试着用勺子找自己的嘴巴，甚至自己吃饭时也不引导孩子看着她是如何做的，那么她就不是一个好母亲。

大家都有这样一个共识：教孩子自己吃饭、洗澡、穿衣是一项比亲自给孩子喂饭、洗澡、穿衣更烦琐、更困难、需要更多耐心的工作。前者是教育者的工作，后者则更像仆人的工作。虽然帮助孩子做这些事对母亲来说更容易，但对孩子来说是很危险的，因为它会阻碍孩子的成长。因此，家长应充当教育者，而非仆人，要让孩子成长为独立且自由的人。

废除奖励和外部惩罚

一旦我们接受并确立了上述原则，便会废除奖励和外部惩罚。通过自由获得纪律性的人，他们开始渴望真正的、永远不会令他失望的奖赏，那就是从他内心深处诞生的人类力量与自由，他的活动必须源于这种内在的生命力。

在我的亲身经历中，我常常感叹这一点是多么正确。在

"儿童之家"工作的头几个月，教师还没有学会将自由和纪律的教育原则付诸实践。其中一个女教师，当我不在的时候，她就忙着纠正我的想法，引入一些她已经习惯了的方法。有一天，我突然来访，发现班上最聪明的孩子的脖子上挂着一个希腊式的银质大十字架，上面还系着一条白色的细丝带，另一个孩子则坐在房间中央一个显眼位置的扶手椅上。

第一个孩子得到了奖励，第二个孩子正在接受惩罚。至少我在场的时候，教师没有进行任何干涉，现场情况一直没有变化。我保持沉默，站在一个位置上静静地观察。

戴着十字架的孩子来回走动，把自己用过的物品搬到教师的桌子上，然后又从教师的桌子上拿走其他物品。他忙碌而快乐。他经过正在接受惩罚的孩子身旁时，银十字架从他的脖子滑落到地板上，坐在扶手椅上的孩子捡起来，提着白色丝带晃动着，从各个角度打量，然后对他的小伙伴说："你的东西掉了。"那个孩子转过头来，看着银十字架，说道："我不在乎。""真的不在乎吗？"受罚的孩子平静地问，"那我可以戴上它吗？"另一个孩子回答说："可以，戴上吧！"之后又加了一句："别再打扰我了，让我安静一会！"

坐在扶手椅上的男孩小心地调整好丝带，让十字架正好悬挂在他粉红围裙的前面，以便可以欣赏到十字架的光泽和漂亮的形状，然后他将手臂搁在椅子的扶手上，显得非常开心。显然，悬挂的十字架能满足被惩罚的孩子，却不能满足那个专注于工作，并且因为工作感到快乐的孩子。

一天，一位女士来"儿童之家"参观，她非常喜欢那里的孩子。她将自己带来的盒子打开，从里面拿出闪闪发光的奖章给孩子们看。她告诉孩子们："这些奖章将会颁发给聪明的孩子。但是，我现在不会颁发这些奖章，我会把它们交给老师，由老师颁发给你们。"

对于参观者的做法，我没有发表任何言论。这时，一位四岁的男孩站了起来，他皱着眉喊道："别给男孩子，别给男孩子。"

我们没有和班级里的孩子说过谁最聪明，但在这个男孩眼里，他是这个班级最聪明的孩子，但他并不需要奖章这样的奖励。他不知道该怎么去表达，所以只能站在自己是男孩子这个角度，大声喊"别给男孩子"。

至于惩罚，我们曾多次遇到这样的儿童，他们扰乱了公共秩序，面对我们的纠正，也置若罔闻。这样的儿童会被送到医生那里进行检查。当证实他是正常儿童后，我们会把一个小桌子放在房间的一角，让他坐在那里。这样，这个儿童就被隔离开了。当然，我们的目的并不是把他隔离开，而是要让他在那里观看其他小朋友都是如何做的。在我看来，其他小朋友的做法是一堂比教师任何话语都更有效的示范课。渐渐地，他就会发现，成为忙忙碌碌的同伴中的一员的好处，并迫切地希望可以重新回到"队伍"里。我们就是用这种方式，把所有起初反抗纪律的儿童带回到遵守纪律的轨道。被隔离的儿童会受到特别的关照，就像关照病人一样。我每次走进房间，总是先走到他面前，然后像对待非常小的孩子一样抚摸他。做完这些事之后，我才把注意力转移到其他儿童身上，并像对待小大人一样问他们一些问题。我不知道这些我们认为有必要管教的儿童的灵魂深处发生了什么，但可以肯定的是，他们的转变总是非常彻底和持久。他们对学习如何工作和如何做人非常积极，并且对教师和我总是表现出亲切之情。

生物学中的自由观念在教育学中的应用

从生物学的角度来看，儿童早期教育中的自由概念应被理解为，其环境必须适合儿童个性最有利的发展。无论是从生理角度，还是从心理角度，这都包括儿童大脑的自由发展。因此，教育者必须对生命怀有深深的敬畏之心，并通过这种敬畏之心尊重儿童生命的发展，同时满怀兴趣地观察儿童生命的发展。我们必须认识到，儿童的生命不是一个抽象概念，它是真实存在的。教育应被理解为：为儿童生命的正常发展提供积极的帮助。我们可以把儿童看作一个成长的身体和一个发展的灵魂的结合体，这两种形式（一个是生理的，一个是心理的）有一个永恒的源泉，它就是生命本身。我们既不应该损害也不应该扼杀这两种成长形式中所蕴含的神秘力量，但我们需要等待，等待着它们依次展现出来。

环境是影响生命发展的次要因素，它既可以促进生命的发展，也可以阻碍生命的发展，但它无法创造生命。

现代进化论针对动物与植物这两条生命分支的研究表明，内因是影响物种与个体发展的根本原因。儿童并非因为得到营养、处于适当的温度条件下而成长，而是因为他体内潜在的生命力在显现，这种生命力促使他遵照生物的遗传规律不断地成长。就像青春期的到来不是因为儿童会笑、会跳舞、会做体操、营养充足，而是因为他已经达到了那种特殊的生理状态。

生命在创造与给予的过程中得到显现，与此同时，生命会被某些限制所束缚，被某些不可逾越的法则所约束。物种的固定特征不会改变，但它们会发生某种突变。

这一观点在德弗里斯①的《突变理论》中得到了精彩阐述。我们可以影响与环境有关的变异，这些变异在不同物种和个体间存在略微的差异，但我们不能影响突变。一些与生命本源有关的不为我们所知的因素影响着生物的突变，并且其影响远远超过了环境对生物的影响。例如，一个物种不能通过任何适应现象突变或变成另一种物种。

环境可以以两种相反的方式作用于生命，一种是促进生

① 德弗里斯：荷兰著名植物学家和遗传学家。他在《突变理论》一书中指出：对个体生存有利的变异会持续存在，直至出现更有利的变异。

命的发展，另一种是遏制生命的发展。例如，许多种类的棕榈树在热带地区生长得十分繁茂，因为那里的气候条件有利于它们的生长，但也有许多动植物种类因为无法适应那里的气候条件而灭绝了。

生命是一位卓越的女神，她总是不断前进，推翻环境为她的胜利设置的障碍。当然，只有生命力顽强且充满活力的物种或个体，才能不断突破障碍，成为那个胜利者。因此，就人类而言，重要且紧迫的问题是培养人类具有顽强的生命力与活力。

【第六章】

授课的方法

——

在我们制定的自由制度下，儿童得以在学校中展现他们的个性，考虑到这一点，我们已经准备好了材料（儿童要操作的对象）。而教师，不应仅仅局限于观察，还应继续进行实验。

在我们使用的教学方法中，课程相当于一个实验。教师对实验心理学方法越熟悉，就越能理解如何进行教学。事实上，要正确应用我们的教学方法，教师需要掌握一种特殊的技术。教师至少应参加"儿童之家"的培训课程，以了解该方法的基本原理及应用方式。培训中最困难的部分是如何维持纪律。

儿童刚来学校的最初几天，不必接触集体秩序的概念，这一概念是在孩子们通过纪律训练学会辨别善恶之后才出现的。在这种情况下，教师显然不能在一开始就给儿童上集体课。实际上，我们的教师很少给儿童上集体课。

个人课程的特点：简洁、简单、客观

课程是针对个人的，简洁是其主要特征之一。但丁的话给我们带来了启发，他说："确保你的话言简意赅。"我们越是精心剔除无用的词语，课程就会变得越完美。在备课时，教师必须特别注意这一点，衡量自己所讲的话的价值。

"儿童之家"课程的另一个特点是简单。教师必须剔除所有非绝对真理的内容。换言之，就是剔除那些不符合事实的内容。然后，将这些内容用简单明了的语言讲给儿童听。

"儿童之家"课程的第三个特点是客观。教师在上课时，不能带有主观性，只需要客观地呈现出本节课程需要呈现的内容。换言之，教师在呈现相关内容时，只需要做出客观的解释，并对儿童如何使用某个物体做出客观的说明。

在讲授这类课程时，基本指导方法是观察法，在这个过程中，教师要引导儿童认识并理解自由的概念。因此，教师应观察儿童对哪些物体感兴趣，他是如何感兴趣的，兴趣持续了多久，等等。与此同时，教师还要注意儿童的面部表情。教师必须非常小心，不能违反自由的原则，因为其一旦引导儿童做出非自然的努力，那么儿童的活动就不是自发性的了，教师的观察也将失去意义。

虽然教师严格遵守简洁、简单和客观这三个要求来准备课程，但儿童却没有理解教师讲述的内容，此时，教师必须注意以下两点：第一，不要重复讲解该项内容；第二，不要让儿童感觉到自己犯了错误或者他没有理解你的意思，因为这会导致儿童刻意地努力，以改正他的错误或尽可能理解你的意思，这样，儿童自然的状态就会被打破。

以下例子可以说明这一点。

假设教师现在要教一个儿童认识红色和蓝色这两种颜色。他希望把儿童的注意力吸引到物体上，于是他说："看这个。"为了让儿童认识该颜色，教师展示该颜色时说："这是红色。"随后，教师展示另一种颜色，并说道："这是蓝色。"为了确认儿童是否已经理解，他会对儿童说："给我红色（或者说给我蓝色）。"假设儿童在执行任务时犯了错误，没有给对颜色卡片。教师不能重复上述活动，而是要微笑着抚摸一下儿童的头，并把颜色卡片拿走，然后让儿童进行别的活动。

得知这种上课形式后，很多教师都会感到惊讶，认为这太简单了，并说道："这谁不会呢。"从表面上来看，这确实很简单，就像哥伦布立起来鸡蛋一样简单，但事实上，并不是每个人都知道如何做这件简单的事（以如此简单的方式讲课）。要衡量自己的活动，使其符合简洁、简单、客观的标准，实际上是一件非常困难的事情。尤其对于习惯使用传统教育方法的教师而言，难度更大。

一位曾在公立学校教书的教师，经常会使用集体教学的方式。例如，在某一堂课上，他伸出手，然后问孩子们："猜猜我手里拿的是什么？"很显然，他知道孩子们猜不出来，他这样做的目的就是把孩子们的注意力吸引到他的课程上。然后，他对孩子们说："看看天空。你们以前看过它吗？当夜幕降临后，天上会出现很多星星，你们注意过吗？现在，你们再看看我的围裙，你们知道它是什么颜色吗？你们不觉得它和天空是同一颜色的吗？很好，现在再看看我手里的这个颜色。它和天空、围裙是同一种颜色，都是蓝色的。现在你们四处看看，看看房间里有没有东西是蓝色的。你们知道樱桃是什么颜色吗？炉火中燃烧的煤炭是什么颜色呢？"

现在，孩子们的脑袋中充斥着各种概念——天空、围裙、樱桃等。他们很难从这些混乱的概念中提取出本节课要让他明白的概念，即认识蓝色和红色这两种颜色。对儿童来说，他们显然适应不了如此复杂的授课方式。

我旁听过一节算术课，教师的教学任务是让孩子们学会两加三等于五。教师的教学工具是一个计数板，计数板的细线上有彩色的珠子。教师在计数板最上一行排列了两颗珠子，接着在下一行排列了三颗珠子，最下面一行则排列了五颗珠子。我不太记得这堂课的教学过程了，但我记得教师在上面那两颗珠子旁边放了一个穿蓝色裙子的小纸人，并当场给这个小纸人取了一个名字，说："这是玛丽埃蒂娜。"然后，他在另外三颗珠子旁边放了一个穿着红色衣服的小纸人，称其为"吉吉娜"。我不记得那个教师究竟是如何演示这个加法过程的，但可以肯定的是，他花了很多时间向孩子们描述这些小纸人，并把小纸人移来移去。现在回想起这件事，我对小纸人的印象比运算过程的印象深得多，那么孩子们的情况又是什么样呢？会不会也和我一样呢？假设通过这种方法，孩子们学会了两加三等于五，那么他们一定做了很大的努力，而教师也一定费了很大的功夫。

还有一次，教师的教学任务是向儿童讲述音乐和噪声的区别。在教学时，他准备了一个非常长的故事，在讲述故事的过程中，突然有人重重地敲门，他停了下来，大声地冲着外面问道："有什么事吗？"随后，他问孩子们："你们知道门口那个人在做什么吗？我的故事讲不下去了，因为外面的人打断了我的思绪，这就是噪声。"说完这些，他拿起一个被桌布包裹着的曼陀林①，说道："亲爱的宝贝，我想和你一起玩。"然后，他问孩子们："你们看到我怀里抱着的婴儿了吗？"几个孩子回答道："它不是婴儿。"还有几个孩子回答道："它是曼陀林。"听到孩子们的话，他说道："不，它就是个婴儿，我很喜欢它。现在，你们要安静下来，因为我好像听到它在哭泣，又或许它是想说话呢。"说完，他把手伸到桌布里，拨动了琴弦，然后问孩子们："你们听到小宝宝的哭声了吗？"孩子们显得非常激动，大声喊道："它不是婴儿，

----

① 曼陀林：一种小型的弦乐器。

它是曼陀林，是你拨动了琴弦，它才发出声的。"直到这时，他才把曼陀林从桌布里拿出来，弹奏了几下，并告诉孩子们："这就是音乐。"

如果孩子们在这样的课堂中学会分别音乐和噪声，那简直是太荒谬了。教师的这种授课方式甚至有可能给孩子们留下这样一个印象：老师太笨了，被噪声打断便不能继续讲故事了，还把曼陀林认成了婴儿。试想一下，这是教师希望得到的结果吗？

对于习惯了传统教学方法的教师而言，把课上得简单明了是一件不太容易的事情。我记得，在全面而详细地讲解了教材之后，我请"儿童之家"的一位教师通过几何插图来讲授正方形和三角形的区别。这位教师的任务是把一个正方形和一个三角形的木片放进空格里，然后向孩子们演示如何用手指沿着木片的轮廓和木片放入的框架进行操作，同时说："这是一个正方形，这是一个三角形。"然而，我请来的这位教师并不是这样做的，他让孩子们触摸正方形，同时说："这是一条边，这也是一条边，这也是一条边，这也是一条边。一共有四条边。还有角，用你的小手摸一摸。看，角也有四个。好好看看这块木片，它是一个正方形。"

我纠正了这位教师，告诉他这样做并不是在教孩子们识别形状，而是在教他们关于边、角和数字的概念，这与他在这节课中应教的内容不是一回事。他试图为自己辩解："但这是一样的。"然而，事实并非如此。这是对事物的几何分析和数学处理。其实，即便孩子们不具备数到四的能力，也无法理解角和边的概念，也可以对四边形的概念形成一个认知。站在数学的角度来看，边和角是抽象的概念，本身并不存在，真正存在的是这块可以确定形状的木片。教师复杂的解释不仅无助于孩子们识别形状，还容易让他们混淆具体与抽象的概念。

我告诉那位教师，假设有一位建筑师，他要带领我们参观他设计的一个圆形屋顶，然而，我们对建筑方面的知识一点也不了解，如果建筑师想让我们欣赏他的作品，他有两种方法可以选择。

第一种方法，建筑师带领我们先观察建筑的线条和比例，然后观察屋顶，最后走上屋顶，观察屋顶的种种细节。通过这种方法，我们不仅可以对屋顶形成一个整体的认识，而且会了解到一些细节。

第二种方法，建筑师带着我们一起数窗户的数量，然后他画出建筑的图样，并为我们讲解与建筑有关的各种原理与数学公式。通过这种方法，我们虽然可以获得很多信息，但我们根本无法理解这些信息，所以对我们而言，这些信息没有一点价值。

显然，那位教师的做法和建筑师的第二种方法很相像，他讲了太多孩子们不了解的概念，这些概念对孩子们而言没有一点价值。

很多人都有一个错误的认识，那就是孩子太小了，无法理解几何图形。但其实，在我们的日常生活中，有很多东西都是正方形的，如桌子、窗户，所以，几何图形对他们而言并不陌生。我们教授儿童识别几何图形，其实就是为了让他们对已经知道的几何图形形成更加清晰的认识，并在脑海中形成相关的概念。

激发生命的活力，让它自由地发展，这就是教育者的首要任务。在这样一项具有重大意义的任务中，教师需要把握好时机，避免工作上出现任何偏差，从而让儿童的生命得以自由发展。当然了，儿童生命的自由发展，依靠的是他们自己的内在力量，教师需要做的就是帮助他们发展。需要注意的是，教师所做的一切都必须有科学的方法作为指导。

当教师以这种方式触及每个学生的内心，并以此唤醒、点燃他们内在的生命力时，他便能赢得每一个学生的信任。届时，只需一个示意、一句言语，师生间便能心意相通。与此同时，孩子们会变得更听教师的话，甚至希望从教师那里获得更多的指导。

"儿童之家"的经验已经验证了这一切，这也是那些参观过"儿童之家"的人感到惊奇的主要原因。五六十个两岁半到六岁的儿童聚在一起，在同一时间里，他们懂得如何保持平静。走进教室，你会发现，这里寂静得如同沙漠一般。倘若教师以低沉的声音对孩子们说："站起来，踮着脚尖绕房间走几圈，然后安静地回到原位。"所有儿童会一起起身，尽可能悄无声息地遵照指示行事。教师只用一句话，就实现了与所有儿童的交流，而且他们都很开心可以接到教师的指令。在这种感受下，孩子们专注而顺从地行动，如同热切的探险家，以各自的方式遵循指令。

在纪律这个问题上，乐队的经验也可以给我们一定的启发。一个乐队要想演奏出和谐优美的乐曲，乐队的所有成员必须听从指挥家的指挥。而在此之前，乐队的每个成员都需要先磨炼自己的技能。

我们发现，最有纪律的社会成员是那些受过最好的训练、自我完善最彻底的人，而这种训练或完善是通过与其他人的接触获得的。而那些由没有受过训练、不完善的人组成的集体，可能是一个松散或没有纪律性的团体。

在儿童心理学方面，我们存在很多偏见。迄今为止，我们一直希望通过强制手段和外部法则来控制儿童，而不是从内心征服儿童。这样做的结果是，哪怕儿童生活在我们身边，我们也无法真正地了解他们。如果我们可以去掉强制手段和外部法则，他们便可以向我们展现出其最真实的面目。

他们是那么的温柔、那么的甜美，让我们从中窥见了那能承受世间一切压迫与不公的人性的光芒。他们对知识的热爱无比炽烈，超越一切其他情感，令我们深信人性之中必然蕴藏着一股热情，驱使着人类从奴役的枷锁中解脱出来。

【第七章】

生活实践练习

———

"儿童之家"冬季活动时间表

时间	活动事项
9：00	开门
9：00—10：00	入校，问候，检查个人卫生；生活实践练习：帮助其他小朋友脱下和穿上围裙，检查房间所有东西是否都已擦拭干净且整齐有序；语言：孩子们讲述前一天发生的事情
10：00—11：00	智力练习；短暂的休息；感官练习
11：00—11：30	动作训练：练习规定动作，如行走、立正、敬礼等，小心轻放指定物品
11：30—12：00	餐前祷告；午餐
12：00—13：00	自由活动
13：00—14：00	在条件允许的情况下，进行户外活动。在此期间，较大的孩子轮流进行生活实践练习，如清理房间、整理材料；检查卫生；练习对话
14：00—15：00	手工作业：泥土塑形、设计
15：00—16：00	在条件允许的情况下，在户外集体做操、唱歌；进行预见力的练习；参观并照顾植物和动物
16：00	关门

　　一旦学校建立起来，日程安排问题便随之而来。这需要从两个方面进行考虑：一是儿童在校时间的长短，二是学习和生活活动的时间分配。

　　我首先要申明，在"儿童之家"，就像在残疾儿童学校一样，学习时间可能会非常长，甚至有可能占一整天。对于"儿童之家"，特别是建在出租公寓里的"儿童之家"，我建议冬季的上课时间为早上九点至下午五点，夏季则为早上八点至下午六点。如果我们想按照自己指定的路线实施工作，以促进儿童的发展，这样长时间的学习是非常有必要的。当然了，我们需要在中午这段时间给儿童安排至少一个小时的在床休息时间。不过，从目前来看，这一项还无法实现，我们只能让孩子们在座位上以一种糟糕的姿势睡觉，但我可以预见，在不久的将来，我们就能拥有一个安静的房间，让孩子们可以在低悬的吊床上睡觉。

　　在罗马的"儿童之家"，我们会让小朋友们回到自己的公寓里午睡，因为他们无须走上街头就能做到这一点。

　　需要注意的是，这漫长的在校时间不仅包含了午休时间，还涵盖了午餐时段。在"儿童之家"这样的学校里，我们必须考虑到这一点，其目标是在如此重要的发展阶段——三到六岁——帮助并指导儿童成长。

　　"儿童之家"是促进儿童成长的"文化花园"，我们让儿童学习那么长的时间，并不是为了让他们成为学生，而是让他们健康成长。

在教学过程中，我们所采用的教学方法的第一步是唤起儿童的注意，包括注意内在世界、注意与他人的互动。做一个并非字面意义上的比喻，就如同在实验心理学或人类学中做实验那样，我们必须在准备好工具（此处环境可视为工具）后，对实验对象进行预处理。我们在儿童身上做的预处理就是为儿童适应社会生活做好准备。

在建立第一所"儿童之家"时，我们制定了一个时间表，但我们从未完全遵循过（这表明一个以任意方式分配材料的时间表不适合自由制度），我们每天都是从一系列的生活实践练习开始。我必须承认，这些练习是计划中唯一完全固定的部分。

当孩子们到达学校后，我们会检查他们的卫生情况。如果可能的话，我们会在父母在场的情况下进行这项工作，这样可以更有效地引起父母对孩子卫生问题的注意，但我们不能要求父母一定在场。我们不仅要检查孩子们的手、脖子、耳朵、脸、牙齿，还要检查他们的头发是否整洁。如果发现孩子们的衣服有破损、污渍或是鞋子不够干净，我们会提醒他们注意这些问题。通过这种方式，可以促使孩子们关注自己的卫生情况，并逐渐养成爱干净的习惯。

在"儿童之家"，我们目前还做不到让孩子们每天洗澡。不过，在课堂上，教师会使用配有小水壶和水盆的小洗手台，教孩子们进行局部清洗，如教他们洗手和清洁指甲。我们还会教他们洗脚、清洗耳朵和眼睛、刷牙和漱口。在这个过程中，我们会提醒他们注意他们正在清洗的身体的不同部位，以及我们为清洁不同部位而使用的不同方法，如清水洗眼、肥皂水洗手、牙刷刷牙等。我们还教年龄较大的儿童帮助年龄较小的儿童，并鼓励年龄较小的儿童尽快学会照顾自己。

完成个人卫生护理后，我们会帮孩子们穿上小围裙。当然，他们也可以自己穿上，或者在彼此的帮助下穿上。接着，我们开始检查教室。我们检查教室是否清洁。在此过程中，教师需要向孩子们展示如何清理积满灰尘的小角落，并向他们展示如何使用清理房间所需的各种物品——擦尘布、擦尘刷、小扫帚等。在观看教师如何做之后，当孩子们被允许自己做时，都可以很快地完成清理房间的工作。随后，孩子们各自回到自己的位置。教师告诉孩子们正确的坐姿，即双脚并拢放在地板上，双手放在桌子上，背部挺直。教师还会教孩子们唱圣歌，教他们起立和坐下时不要发出噪声。通过这种方式，孩子们学会了如何安静地在家具间移动并小心行事。除上述这些，我们还有一系列练习，如教孩子们优雅地走动、互相问候、小心翼翼地搬运物品、礼貌地从他人手中接过物品等。

有了这样的开端之后，我们便正式进入自由教学的阶段。在这一阶段，教师不再对孩子们进行指导，如教他们如何离开座位等，他需要做的仅限于纠正孩子们不规范的动作。

　　自由教学阶段的第一件事是教师和儿童聊天，询问他们前一天在家里做了什么事。询问时，教师应注意对儿童进行引导，避免儿童告知家里的私事，因为他只需要告诉教师自己做了哪些事。例如，教师可以这样询问：你是否能够在不弄脏楼梯的情况下上楼，是否礼貌地与路过的玩伴打招呼，是否帮助过妈妈，是否在家中展示过在学校学到的东西，是否在街上玩耍过等。假期后的周一，这类对话会更加深入，教师当天会邀请孩子们讲述假期期间与家人一起做了什么。如果他们一家人外出游玩，教师会询问孩子们是否吃了一些不适合儿童吃的食物。如果有此类情况，教师会劝导他们不要吃这类东西，并试图让他们明白这类食物对他们是有害的。教师与儿童进行有引导性的对话有助于培养他们的语言能力，具有很高的教育价值。与此同时，在教师的引导下，可以有效避免儿童讲述家中或邻里发生的琐事，转而聚焦于一些适宜他们的话题。

　　晨谈结束后，我们便可以转入各科课程的学习中了。

【第八章】

合理安排儿童饮食

——

为了促进儿童的成长发育，特别是在那些儿童卫生标准尚未得到普的社区，让学校负责儿童的大部分饮食无疑是明智之举。如今，人们普遍认识到，儿童的饮食必须适合他们的体质，正如儿童用药并非将成人药物减少剂量服用那么简单，儿童的饮食也不应只是在成人饮食的基础上按照比例减少。在"儿童之家"，尽管孩子们可以回家与家人一起用餐，但我还是主张推行学校供餐制度。此外，对于富裕家庭的儿童来说，在烹饪学课程推广到这些家庭并使他们养成专门为儿童准备食物的习惯之前，学校供餐始终是一个值得推荐的选择。

关于儿童饮食，我们有科学的依据。

牛奶和鸡蛋富含儿童易于消化的蛋白质，有利于儿童的生长发育。肉类在儿童的食谱里也必不可少，但并不是所有的肉类都适合儿童，包括肉类的制作方法，也要根据儿童的年龄来作出调整。例如，三至五岁的儿童应该吃剁碎的肉，五岁以上的儿童则可以通过自己的咀嚼把肉嚼碎。此外，教师和家长要引导儿童细嚼慢咽，否则容易导致消化不良。

在各类肉中，鸡肉、鱼肉更加适合儿童食用，尤其适合二至四岁的儿童食用。四岁以后，便可以在儿童的饮食中加入适量的牛肉，但不能让儿童吃脂肪含量太高的肉，如猪肉、熏鸡。儿童也不能吃甲壳类动物，如龙虾、牡蛎。到了五岁，儿童便可以吃烤家禽了。

下面这些常见食物也要注意。

奶制品：奶制品富含蛋白质，但只有新鲜黄油适合儿童吃。必须注意，所有类型的奶酪都不能给儿童吃。

牛奶蛋糕：牛奶蛋糕要用新鲜的牛奶和鸡蛋制作，制成后要尽快食用。

面包：对儿童来说，面包是一个不错的选择。面包含有的脂肪较少，所以可以在面包上涂上黄油。

蔬菜：儿童不能吃生的蔬菜，只能吃熟的蔬菜。当然，有一个例外，那就是菠菜，熟的生的都可以。另外，可以把土豆做成土豆泥，然后加上一些黄油。

水果：儿童应该吃一些水果，但不是所有水果都可以吃，应该结合儿童年龄考虑水果的硬度、甜度和酸度。在给儿童准备水果时，要去掉不易消化的部分，如果皮，还要去掉果核，降低儿童吞掉果核的风险。如果孩子到了四岁，教师和家长可以教他自己去掉果皮和果核。

调味品：儿童的饮食中要严格限制调味品的使用。可以使用食盐、糖、醋、柠檬汁，绝不能使用肉桂、丁香、胡椒粉等香料。

饮品：儿童对水分的需求非常旺盛，所以需要不断补水。事实上，我们唯一推荐的饮品就是矿泉水。众所周知，发酵饮品会刺激儿童的神经，所以一定不能给儿童喝含有酒精和咖啡的饮品。需要重点强调的是，酒精对儿童的危害非常大，它不仅会抑制儿童的身体发育，还会引起一系列的疾病，如神经系统疾病、新陈代谢疾病。

膳食分配也是儿童饮食中必须重视起来的一个问题。关于这方面，首要原则是严格控制儿童的进餐时间。如今，人们普遍存在一种偏见：儿童要想更好地生长发育，就要不断地吃各种食物。其实，儿童的消化系统还没有发育成熟，他们比成人更需要规律地进食。

"儿童之家"的孩子们一整天都待在学校，教师可以清晰了解儿童的饮食。除固定的用餐时间，儿童不可以再吃任何东西。"儿童之家"的用餐时间有两个，一个是中午的午餐时间，一个是下午四点的吃点心时间。

午餐有肉、面包和汤，在条件允许的情况下，我们还会给儿童准备水果和牛奶蛋糕。

下午四点的点心是一块面包，或者涂着黄油的面包，有时还会准备一些水果和饼干。牛奶配面包、鸡蛋配面包，也都是不错的选择。

孩子们一般在家里吃早餐和晚餐。比较富裕的家庭可以准备牛奶和巧克力做早餐，也可以是牛奶、麦芽精配上饼干。贫困家庭可以选择牛奶配面包。晚餐应尽可能清淡，这样有助于儿童的睡眠。关于这方面，我们会给儿童的父母一些建议，以便他们可以配合好"儿童之家"在饮食方面所做的工作。

至于食物营养成分的比例，我认为没有太大必要，感兴趣的读者可以阅读保健学方面的书籍。

在"儿童之家"，尤其是那些建在贫困区的"儿童之家"，我们会在花园里种植蔬菜，然后用这些新鲜的蔬菜做蔬菜汤给儿童食用。条件成熟之后，我们还会种植果树，养殖奶牛和鸡。大一点的儿童可以动手挤奶。在"儿童之家"的儿童饮食中，我们还考虑增加生活实践训练相关方面的内容，如摆放餐具、整理桌布、认识各种食物的名称。后面，我们会逐渐增加训练的难度，并使其成为一套完善的教育方法。

在这里，我们还需要补充一点，文明用餐非常重要，教师不仅要教儿童保持干净，还要教他们如何使用餐具。

【第九章】

肌肉训练——体操

———

我认为，人们对体操的理解是不充分的。在普通学校里，我们习惯将体操描述为一种集体肌肉训练，其目的是让孩子们学会按照命令执行指定的有序动作。这种体操背后的指导原则是强制性的，这样的练习抑制了孩子们自发性的动作，取而代之的是其他指定性的动作。我不知道指定这些动作的心理学依据是什么。在医疗体操中使用类似动作，目的是恢复肌肉的功能。例如，学校里的一些胸部运动在医学上被建议用于治疗一些肠道疾病。但坦白说，我不太理解正常儿童做这些运动能起到什么作用。除此之外，还有一些需要在体育馆里做的体操，它们很像杂技演员早期做的一些基础性训练。当然，我并不打算在这里对普通学校的体操进行批评。事实上，当我提及为幼儿园设计体操时，许多人已经明确表示反对，尤其当他们听到我谈论为小孩子设立健身房时，他们的反对更加强烈。其实，我针对儿童提及的体操并不是普通学校里的那种，如果是那样的话，我自己都会跳出来反对自己。

我们应当这样理解体操：它是一系列旨在助力生理机能（如行走、呼吸、说话）正常发展、在儿童出现发育滞后或异常时予以保护、鼓励儿童掌握日常生活所需基本动作（如穿衣、脱衣、系扣、系鞋带、拿取物品）的练习。如果说有哪个年龄段需要通过一系列体操练习来促进生长发育的话，那一定是三到六岁。这一阶段特别需要体操，更准确地说是保健体操，其主要聚焦于行走训练。

儿童身体形态发育的一个特点是躯干相对于下肢发育更快。成年人躯干的长度大约占身体长度的一半，而新生儿躯干的长度大约占身体长度的68%。当然，这种差异会随着新生儿的生长发育逐渐减少。一岁时，这个数据由68%减少到65%，两岁时减少到63%，三岁时减少到62%，到六七岁时，这　数据会减少到56%～57%。虽然儿童躯干的发育速度比下肢更快，但当他上幼儿园时，其身体形态和成人之间仍然存在一定差异。由此可见，我们不能以自己的标准来判断小孩子的行走方式。如果一个儿童不强壮，直立的姿势和行走确实会让他感到疲劳，而且下肢的长骨在身体重量的作用下很容易变形。这种情况在营养不良的贫困儿童，或者虽然没有明确的佝偻病症状，但骨骼发育较慢的儿童中尤为常见。

因此，仅从生理层面出发，将儿童视为"缩小版"的成人是不正确的。他们有完全属于他们这个年龄段的特殊特征和比例。婴儿喜欢四肢着地爬行，正是因为他们的四肢相对于躯干而言比较短。而儿童喜欢仰卧，喜欢在空中踢腿，这也是他们身体比例导致的生理需求。然而，大人们却想干预这些自然行为，阻止儿童在地上翻滚、舒展，强迫他们跟大人一起走路，甚至要跟上大人的步伐。对于自己的行为，大人们给出的解释是，"不能让孩子变得任性妄为，认为自己想怎样就怎样"。其实，这是一个致命的错误，导致许多小孩子患上了罗圈腿。因此，就这些婴幼儿生长发育的关键点对家长们进行宣传教育非常有必要。

如今，我们需要做的是设计出符合儿童生理特征的体操，这样便可以避免他们的肢体过度劳累，并促进他们健康成长。

通过观察儿童，我想到一个非常简单的方法，可以有效地辅助他们的活动。那天，教师组织孩子们在花园里行走。这个花园有一道小栅栏保护着，栅栏是用结实的铁丝平行拉成的，每隔一段距离就用一根木头支撑着。栅栏边缘有一条窄窄的台沿，孩子们走累了可以坐在上面休息。我还拿出了一些小椅子，将它们放在墙边，孩子们累了之后也可以坐在小椅子上面休息。然而，在我观察的那段时间，我发现有些儿童虽然由于走累了落到了队伍的后面，但他们并没有坐到台子上或椅子上休息，而是跑向那道小栅栏，用手抓住上面的铁丝网，脚则踩在距离地面最近的那根钢丝上，然后侧着身子移动。他们这样做时脸上洋溢着快乐的笑容，眼睛闪闪发光地注视着仍在行走的小伙伴。

这些小家伙用一种非常实用的方法解决了我的一个难

题。他们在铁丝上移动这种方式，不仅使他们的下肢得到了锻炼，而且下肢承受的重量大大减轻。于是，我提出制造这种小围栏供儿童游戏室使用。它由平行的横杆构成，这些横杆由固定在底座上的立柱支撑。孩子们在这个小围栏上玩耍时，可以看到房间里其他小伙伴正在做的事情，对他们而言，这是一件值得高兴的事。

其实，有人已经设计出了可以锻炼儿童下肢的器材，该器材对于训练虚弱儿童的膝关节力量非常有效。

这种器材和秋千有点像。它由一把椅子、四根结实的绳子，以及一堵墙组成。四根绳子分别拴着椅子的四个角，儿童坐在上面可以像秋千一样前后摇晃。在椅子前方不远处就是那堵墙，当儿童坐在"秋千"上被摇晃到距离墙比较近的地方时，可以用脚登墙，给"秋千"一个力，让"秋千"继续保持晃动。通过这种方式，儿童可以锻炼他的下肢，并且下肢承受的重量减轻。

从保健的角度来看，上面提到的那些器材并不能发挥太大的作用，但深受孩子们的喜爱。有些游戏也是同理。

例如，有一项游戏叫"摆球"，这是一项可以由一个儿童或多个儿童玩的游戏，主要器材就是悬挂在绳子上的橡胶球。在做游戏时，孩子们坐在各自的小扶手椅上，用手或其他任何器材击打这只球，使它在他们之间传递。这个游戏可以锻炼儿童的手臂和脊柱，同时可以训练他们用眼睛判断运动物体间距离的能力。

另一项游戏名为"走直线"。游戏很简单，孩子们在地上用粉笔画出一条线，然后沿着这条线行走。这有助于引导他们沿着特定方向进行活动。下雪后进行这项游戏更有意义，因为他们的脚印可以清晰地留在雪地上，如果看到自己走的路线不规整，他们会反复地走，直到走出一条规整的路线。

"爬小楼梯"也是孩子们非常喜欢的一项游戏。在这项游戏中，主要器材是一个按螺旋形状建造的小楼梯。这个小楼梯的一侧设有扶手，孩子们可以把手放在上面，另一侧则是开放的，这样设计的目的是让孩子们习惯在不扶栏杆的情况下平稳地在楼梯上移动。楼梯台阶需要设计得很低，以便年龄最小的孩子也能登上台阶。

我们还有一个可以锻炼儿童跳远能力的设备，它是一个涂有各类标线的低矮木质平台，通过这些标线可以测量儿童跳跃的距离。

绳梯经过适当改造，也可以应用到幼儿学校。在我看来，成对使用绳梯可以辅助孩子们掌握多种动作，如跪、站、前俯、后仰等。如果没有绳梯辅助，孩子们在练习这些动作时往往难以保持平衡。练习这些动作很有意义，这不仅有助于儿童建立平衡感，还有助于锻炼儿童的运动协调能力。此外，上述这些动作还能强化手部最原始、最基本的功能——抓握，这是完成所有更精细手部动作的前提。

总之，"儿童之家"为儿童提供了多样化的练习场地，儿童可以通过各式各样的练习提高身体的协调性，如走路、投掷物体、上下楼梯、下跪、站立、跳跃等。

自由体操

我所说的自由体操是指不使用任何器械的体操。这种体操分为两类：有规定动作的练习和自由游戏。在有规定动作的练习中，我推荐齐步走练习，练习的目的不是保持节奏，而是保持平衡。进行齐步走练习时，最好伴以儿歌演唱，这样，可以同时锻炼儿童的肺活量。其实，福禄贝尔的很多游戏都伴有音乐，这些与孩子们之间经常玩的游戏非常相似，同样可以运用到第一类体操中。在自由游戏中，我们为孩子们提供了球、沙包、风筝等游戏工具，孩子们可以选择自己喜欢的游戏工具，玩自己喜欢的游戏。另外，他们还可以借助环境中的事物玩捉迷藏。

教育体操

教育体操包含两类练习，它们实际上是学校教学活动的一部分，如种植、照顾植物和动物（给植物浇水、修剪，给鸡喂食等）。这些活动要求孩子们做出协调一致的动作，如锄地、弯腰种植、起身。另外，在搬运物品至特定位置以及对物品实际应用的过程中，孩子们完成了极具价值的体操训练。在教育体操中，我们还设计了锻炼儿童手指协调性的练习，这些练习为孩子们日后掌握穿衣脱衣等日常生活技能打下了基础。最后提到的这类体操的基础教学材料非常简单，即装有两片布料或皮革的木框，上面的布或皮革通过按钮和纽扣孔、挂钩和孔眼、系带或自动扣进行固定和解开。

在"儿童之家"中，我们使用了十种这样的木框，每一种都展示了穿衣或脱衣的不同过程：

1. 通过大骨扣连接的两片厚重羊毛布料——模拟儿童的裙子。

2. 通过珍珠扣连接的两片亚麻布料——模拟儿童的内衣。

3. 通过鞋扣连接的两片皮革材料——模拟儿童的鞋子。

4. 通过鞋孔和鞋带系紧的两片皮革。

5. 通过系带连接在一起的两片布料。（这些布料内嵌有硬衬，相当于意大利农民穿的小上衣。）

6. 用大钩和孔眼固定的两片布料。

7. 用小钩子和孔眼固定的两片亚麻布料。

8. 通过宽彩色丝带固定的两片布料，丝带需系成蝴蝶结。

9. 通过圆绳以类似儿童内衣的系法系紧的两片布料。

10. 通过现代自动扣合装置连接的两片布料。

通过使用这些木框，儿童可以实际分析穿衣和脱衣所需的动作，并通过反复练习掌握其中的技巧。我们成功地教会了孩子们自己穿衣，而他们几乎意识不到这一点，也就是说，我们没有直接或专横地下达命令，而是引导他们掌握了这项技能。一旦他们学会了，就热衷于实际应用自己的能力，并且很快会为自己能够自给自足而感到自豪。事实上，孩子们非常喜欢这类游戏，我们经常可以看到十个儿童同时使用这些木框，他们围坐在小桌子旁，安静而认真，给人的感觉是这里好像一间挤满了小工人的工作坊。

呼吸体操

呼吸体操可以调节呼吸运动，换句话说，这是一门教授呼吸的艺术。这类体操也有助于儿童形成正确的语言习惯。我们所使用的体操是由萨拉教授引入学校教材的。我们选取了他在论文《口吃的治疗》中所描述的简单练习，这些练习包括多种呼吸体操，可以与肌肉练习进行配合。我在这里举一个例子：

嘴巴张大，舌头伸平，双手叉腰。

深吸气，迅速抬起肩膀，收缩肺隔膜。

慢慢吐气，慢慢放下肩膀，恢复正常姿势。

教师应挑选或设计一些简单的呼吸练习，以配合手臂动作。

我们还设计了一些用于教导儿童正确使用嘴唇、舌头和牙齿的练习。这些练习对于儿童语言能力的发展具有重要意义。

在进行这些练习时，我们先让全班一起做，最后对孩子们进行个别测试。我们让孩子们轮流读某个单词，如果他发音正确，就让他向右走；如果他发音不正确，就让他向左走。对于发音有困难的儿童，我们会鼓励他们多重复几次。教师会记录每个儿童的年龄，以及他在发音时肌肉运动出现的问题。然后，教师应触摸儿童发音时要使用的肌肉，并告诉他肌肉应该怎么运动，或者清楚地展示自己发这个音节时的动作。总之，教师必须尽一切办法帮助儿童掌握正确发音时肌肉运动的状态。

【第十章】

自然教育——农业劳动

——

伊塔德在其教育论文《阿韦龙野孩的早期发展》中，详细阐述了一个奇特的教育尝试，这一尝试旨在让一个野孩摆脱原始本性，蜕变成一个真正的人。

阿韦龙野孩是在自然状态下长大的孩子。他被犯罪分子遗弃在森林中，这些人以为已经杀死了他，然而他却依靠自然力量逐渐康复，并在荒野中赤身裸体、自由自在地生活了许多年。后来，他被猎人抓住，被送到了巴黎。他身上有很多疤痕，有些是与野兽搏斗留下的，有些则是从高处跌落留下的。

这个野孩不会说话，还被诊断为智力缺陷，几乎无法接受智力教育。

正是这个孩子促成了积极教育学的最初尝试。伊塔德是一名通晓哲学的聋哑医生，他采用了之前尝试过的用于治疗听力缺陷的方法来对野孩进行教育。在伊塔德看来，野孩之所以存在种种缺陷，不是因为生理机能的退化，而是因为缺乏教育。伊塔德相信，教育是万能的。

伊塔德将野人的教育分为两个部分。在第一部分中，他努力引导野孩从自然生活过渡到社会生活；在第二部分中，他尝试对野孩进行智力教育。

在那悲惨的弃养生活中，野孩仅有的快乐便是与自然融为一体，他享受风雨、雪暴、广阔空间带来的愉悦，它们如同他的伙伴、爱人。而文明生活意味着必须放弃这一切，尽管这一步对人类进步而言意义重大。在伊塔德的描述中，我们可以清晰地看到他是如何引导野孩逐渐融入文明生活的。

伊塔德的做法给我们带来了很多启发：我们在观察实验对象时必须有足够的耐心，也必须学会自我克制。

伊塔德在文章中是这样描述的：

"我看到他经常在房间里百无聊赖地躺着，眼睛时不时地看向窗外。如果此时突然下起大雨，或者太阳突然从云朵里探出来，他会欣喜若狂。当然，有时他也会突然发狂：他挥舞着双臂，紧握着拳头，浑身散发出一种危险的气息。

"有一天早晨，外面下了大雪，他醒来看到雪时表现得非常高兴。他急匆匆地跑到窗前，然后又急匆匆地跑到花园。在花园里，他大声喊着，甚至在雪地里打起滚来。他捧起雪来，大口大口地将雪吞了下去。

"在看到大自然的各种景观时，他也不是总表现得很激动，有些时候，他会表现得很安静，甚至很忧郁。如果天气非常恶劣，人们不会到花园里去，但他会去那里。他会在公园里走好几圈，然后在喷泉边坐下来。

"满月的时候，当月光照进他的屋里，他便会走到窗边。

他看着窗外的景色，一动不动，好像在思考什么。过了很长时间，他发出一声叹息，似乎在为什么事哀伤。"

由于一直生活在野外，阿韦龙习惯了奔跑。当他第一次被带到巴黎的街道时，他像在野外时一样，肆意地奔跑。伊塔德没有阻止他，而是跟在他的身后，和他一起奔跑了起来。

伊塔德为阿韦龙展示社会生活的方方面面，并用各种方式吸引阿韦龙的注意力，以便让他感受到社会生活的魅力。这种教育方式的核心是顺其自然，不强迫阿韦龙接受社会生活，而是通过潜移默化的方式让他逐渐接受社会生活。

事实证明，伊塔德的教育方式是正确的，他成功让阿韦龙融入了社会生活。从某种意义上来说，人类的关爱战胜了大自然的关爱，这才使得阿韦龙脱离了自然生活，接受了社会生活。

让儿童适应学校环境，从某种程度上来看，可以等同于让阿韦龙适应社会环境。伊塔德的实验给我们带来的启发是要顺其自然，不能使用强迫手段让儿童适应学校生活。

其实，顺其自然的过程就是让儿童过渡的过程，至于如何让儿童更好地完成过渡，我的观点是进行自然教育。

不可否认，人类创造了社会，但人类仍然是自然的一部分，尤其在孩童时期，人类需要从大自然中获取促使个体发展所需的力量，所以我们可以将教育工作交给自然本身。

如今，人们越来越重视儿童的健康成长，父母允许孩子在公共花园里自由奔跑，允许孩子在海边半裸着身体晒太阳。实验表明，增强孩子体质的最佳方式就是让他们沉浸在自然中。

当然，仅仅做到让儿童在花园里奔跑，在海滩上晒太阳，还不足以称为真正的自然教育。我们还需要更进一步，就是让儿童从事农业劳动，引导他们去种植植物和饲养动物，并进行观察。

英国的莱特夫人认为，动植物的生命发展可以给儿童的智力发展以启迪。基于这一认知，她将园林学和园艺学确定为儿童教育的基础。从儿童教育的角度来看，莱特夫人的认知无疑是比较片面的，但也正是她的这一理念，推动了自然教育的完善。在莱特夫人之前，自然教育仅限于在自然中做运动，在她之后，农业教育成了自然教育的重要部分。

在巴黎，针对有缺陷的儿童，我们曾尝试过农业教育，具体的方法就是在学校建立"教育小田地"。不同的"小田地"种植不同的农作物，儿童在种植农作物的过程中学会播种和收割的方法。同时，通过观察，儿童了解了不同农作物的生长周期、施肥时间等。儿童也可以在这里学习园艺，等他们到了就业的年龄，便可以靠此获得收入。

这种教育方式不仅有助于儿童的智力发展，还为儿童未来的职业发展做好了准备。不过，在我看来，在儿童教育中，我们不必考虑职业发展的事情，因为儿童的年龄还很小，在他们这个年龄段，我们需要考虑的是如何促进他们的身心发展。

其实，我们可以对莱特夫人的教育理念进行深入分析，并将儿童的自然教育分成以下几个层次。

第一，引导儿童观察生命现象。儿童与动植物之间的关系，如同教师与他们之间的关系，应充满尊重与关注。随着儿童对自然的好奇心和观察力逐渐增强，他对生命的关爱之情也在增进。这样一来，儿童就能自然而然地理解母亲和教师对自己无微不至的关爱。

第二，引导儿童进行自我教育，并培养他们的预见力。当他们知道播种的植物需要他们浇水，动物需要他们喂养，没有这些，植物就会干枯，动物就会饿肚子时，他们便会对生命产生责任心。这时，一个与母亲和教师催促他尽责的声音截然不同的声音在他耳边响起，那是他所照料的生命发出的恳切呼唤，提醒他时刻铭记自己肩负的使命。一旦儿童与他精心照料的动植物之间建立起这样一种微妙的联系，即便没有教师的监督，他也能自觉地完成他的使命，这就是自我教育。

儿童辛勤付出后，也会从大自然那里得到回报。例如，经过一段时间的喂养，孩子们会看到雏鸽破壳而出，看到母鸡孵化出的小鸡在窝中欢快地跑动，看到原本只有两只大兔子居住的兔笼中突然有一天多了几只可爱的小兔子……

我在米兰的"儿童之家"饲养了一些动物，其中有一对小白鸡，我把它们养在一个小小的鸡舍里。在鸡舍前面，有一块被篱笆围起来的小空地，小白鸡可以在里面活动。鸡舍由"儿童之家"的儿童轮流看管。

　　每天早晨，孩子们高高兴兴地打开鸡舍的大门，给小白鸡送食物和水，到了晚上，他们再把鸡舍的门锁上。

　　"儿童之家"的教师告诉我，饲养小白鸡是所有教育活动中最受孩子们欢迎的一个。当孩子们完成自己的任务后，他们会跑到鸡舍，看看小白鸡是否需要照顾。

　　那位教师还给我写过一封信，在信中，他告诉了我一个令人激动的消息：孩子们饲养的鸽子孵出了小鸽子。孩子们看到小鸽子出生时，表现得非常兴奋，似乎今天是一个盛大的节日。孩子们甚至认为自己是小鸽子的父母。我想，世界上可能没有一件事能像这件事一样，让孩子们表现出如此真挚的情感。

　　种植植物也给孩子们带去了很多欢乐。在罗马的"儿童之家"，没有多余的地方让孩子们种植植物，于是，教师想出了一个办法：在教室里放了很多花盆，花盆里种上各种植物。每天，孩子们都会给花盆里的植物浇水，一天也没有落下过。有一天，教师来到教室，发现孩子们围成一个圈，没有发出一点声响。原来，昨晚有一朵玫瑰开花了，孩子们正围着观察那朵玫瑰呢。

　　第三，培养儿童的耐心和自信心，这是一种信仰与人生哲学的体现。当孩子们把种子埋入土壤，耐心等待它发芽，观察那形态初现的嫩苗逐渐成长，最终绽放出花朵、结出果实，他们会发现，不同的植物发芽的时间不同，生长的速度也不同。如此一番经历，孩子们内心逐渐获得了一种平和与满足，他们感受到了智慧的萌芽，这种智慧就如同那些淳朴的农民，深深地扎根于大地之中。

第四，引导儿童热爱大自然。在培育动植物的过程中，孩子们会对大自然产生深厚的感情。他们被大自然的神奇所吸引，惊叹于它无私的回馈。孩子们那些付出，在大自然的慷慨赠予下，显得如此微不足道。但最能触动孩子们内心情感的还是亲手栽培生命的过程。他们发现，这些生命体通过自然的成长，回馈给他们的远超过他们所付出的。它们的美与多样性仿佛无穷无尽，让人叹为观止。

当孩子们将种子或鳞茎植入土壤，看着它们从种子成长为绽放的花朵和成熟的果实，这种成就感难以言表。这些大自然的礼物，是对孩子们辛勤付出的最好回报。在这个过程中，孩子们仿佛能感受到大自然的回应，它用这些美丽的生命来回应他们的期待和关爱，而不仅仅是简单地平衡他们物质上的付出。

如果不经历上述过程，只是让儿童经历采摘果实的阶段，所起到的效果将大打折扣。

因此，儿童应该形成一种认知：自然之物与人工之物、天赐之物与人造之物之间是存在区别的。当然，他们也需要认识到，正如植物必须结出果实，人也必须付出劳动。

第五，促使儿童遵循人类的自然发展历程。简而言之，这种教育让个体的成长与人类的发展和谐相融。人类通过农业从自然状态逐步进入文明社会，而当我们发现了提高土地生产力的秘密时，也收获了文明的馈赠。

注定要成为文明人的儿童，也必须踏上这条道路。

理解自然教育的作用是非常有必要的。即使我们缺乏广阔的土地和宽敞的庭院来进行自然教育，也总能找到一小块地方进行耕种，或是让鸽子筑巢，这些都足以滋养儿童的精神世界。必要时，窗台上的一盆花也能满足自然教育的需求。

在罗马的第一所"儿童之家"，我们拥有一个宽敞的庭院，里面种满了各种植物，宛如一个美丽的花园，孩子们可以在这里尽情奔跑。此外，还有一片长长的土地，一侧绿树成荫，中间蜿蜒着一条小径，另一侧则是翻耕过的土地，用来种植各种植物。我们把这片土地划分成了多个小块，每个儿童都有属于自己的一块土地。

年龄较小的儿童在小径上自由奔跑，或者在树荫下休息，而那些负责照料土地的儿童（四岁以上的儿童）忙着播种、锄地、浇水或检查土壤表面，观察植物的生长情况。孩子们的小块土地沿着出租屋的墙壁分布，因为它通向一条死路，所以在之前被人们忽视了，这导致了一个现象：出租屋的居民由于习惯，经常从窗户扔出各种垃圾，孩子们的小块土地因此被污染了。

但是，渐渐地，不用我们劝说，仅凭人们心中对孩子们劳动的敬意，窗户上再也没有掉下任何垃圾，只有家长充满爱意的目光和微笑投向他们的子女，以及备受他们子女珍视的土地。

【第十一章】

手工训练——陶艺与建筑

——

手工训练和手工劳动是不一样的，前者的目的是训练手部，后者的目的是完成特定的工作，即创造出对社会有用的产品。换句话说，前者完善个体，后者丰富世界。当然，两者之间也是有联系的，只有手部技能得到充分锻炼的人才能创造出有用的产品。

经过短暂的试验，我认为应该摒弃福禄贝尔的练习方法，因为在纸板上编织和缝纫并不适合视觉系统尚处于发育阶段的儿童。这类练习会使儿童的眼睛承受过大压力，可能会对视力发育造成不可逆的影响。

在福禄贝尔的所有练习方法中，最适合儿童的是陶艺。当然，我所倡导的是自由教育理念，我不希望孩子们只是单纯地模仿，所以我不能引导儿童制作特定的物品，而是要给他们黏土，让他们自由创作。与此同时，我不能要求通过陶艺实现我的教育目标，因为我是为了研究儿童自发行为中的心理特征，而不是为了教育他们。

基于这一认识，我决定在"儿童之家"做一些有趣的尝试。兰登教授曾在他创建的"艺术教育学校"做过此类尝试。该学校的教育目标是教导儿童爱护环境。这一目标与"儿童之家"的一个教育目标具有一致性，我们希望"儿童之家"的儿童可以爱护学校、出租公寓的房屋以及周围的环境。

在兰登教授看来，学校不能以说教的方式让儿童遵守爱护环境的原则，而是要进行艺术教育，并以此来引导儿童学会爱护环境。为了更好地实现这一教育目标，兰登教授将学校建在了罗马城墙附近。罗马城墙兼具历史性与艺术性，但在当时没有受到人们重视，而兰登教授非常重视它，并在它的附近建了一所学校。

此外，兰登教授还希望可以复兴意大利的陶艺。

陶艺兼具考古、历史、美学价值，甚至可以与古钱币艺术相媲美。其实，纵观人类发展史，陶器发挥着非常重要的作用，尤其在人类学会利用火之后，陶器更是成了人类生活中不可或缺的事物。从某种意义上来说，陶器的发展程度甚至可以作为判断一个民族文明程度的重要标志。一个民族的文明程度越高，他所制作出的陶器就越完美。除此之外，陶器还能展现出人类对美的理解以及对艺术的追求。不同民族，甚至不同人对美的理解和对艺术的追求是存在差异的，所以在制作陶器的过程中，每个人都可以按照自己的理解去进行创作。在"艺术教育学校"，兰登教授始终在贯彻这一准则，他鼓励学生按照自己的审美趣味进行创作。

"艺术教育学校"的另一项实践活动是制作小砖块。在将泥土制成小砖块的形状之后，将它放到窑炉中进行烧制，烧制好之后便可以开始建造房子了。孩子们首先利用小锄头和铲子挖掘出深坑作为地基，然后用烧好的砖砌出简单的墙体，最后安装门窗，并用色彩鲜艳、图案丰富的马赛克瓷砖装饰外墙，这些瓷砖同样是孩子们亲手制作的。

　　这就是我在"儿童之家"采用的手工技艺教学方式。经过两三堂课的学习，孩子们就会对陶器制作充满热情。他们会非常小心地保存自己的作品，并引以为豪。他们还会运用手工技艺制作鸡蛋或水果等小物件，用来装饰陶器。

　　到了五六岁，孩子们就可以开始接触陶器制作了。但最受孩子们喜爱的还是用小砖块砌墙。看着自己亲手砌成的小房子以及栽培的植物，这是一件多么令人高兴的事啊。当然，这也是一件让我们骄傲的事，因为"儿童之家"的孩子们所做的这一切体现了人类早期主要的劳动活动：从游牧走向定居，向大地索取果实，为自己搭建房屋，发明陶器用来烹饪肥沃土壤上产出的食物。

第十二章

感官教育

———

在实验教学法中，感官教育无疑占据着重要地位。实验心理学也通过感官测试来记录动作。

尽管教育学可以从心理测量学中获益，但它并非要测试感官，而是要训练感官。这一点很容易理解，但经常被混淆。感官测试法不太适用于儿童，而感官教育却完全适用。

我们并非基于实验心理学的结论才决定教育方法的。也就是说，我们采用的教育方法并不是根据我们对各年龄段孩子所具有的平均感官状况的了解来决定的。

我所采用的方法是使用一个教学对象进行教育实验，并等待儿童的自发反应。这种方法与实验心理学的方法在很多方面都极为相似。

我使用的材料乍一看可能会被误认为是心理测量学的材料。那些在米兰实验心理学学校接受过培训的教师看到我展示的材料时，会认出其中包含了测量颜色、硬度和重量的工具，并由此得出结论：我所做的实验没有给教育学带来新的贡献，因为那些工具他们已经熟悉了。

其实，两种材料之间存在很大区别，感官测试工具只能用于测试，而我制作的工具，不能用于测试，只能用于感官教育。

要想让这些工具发挥作用，实现教育目标，必须保证这些工具不会引起儿童的反感，而这也正是选择教育工具的困难所在。

众所周知，进行感官测试会消耗大量精力。当教师在感官教育中应用测试工具时，常常会以失败告终，因为当儿童感觉疲惫时，会拒绝配合教师的测试工作。

感官测试工具是基于韦伯定律 ① 设计出来的，而韦伯定律是从成人实验的结果中获得的。我们不能把这些工具直接用到儿童身上，而是要基于儿童进行实验，设计出儿童感兴趣的工具。

在"儿童之家"的第一年，我做了大量试验，最终筛选出了一些工具，这些工具可以基本满足感官教育的需要。

在解释每种工具的教育适用范围时，我会对其进行说明。在此，我只想提出几点一般性的看法。

第一，特殊儿童与正常儿童在面对由渐进式刺激物组成的教学材料时，其反应存在显著差异。这一点从同一套教学材料能使特殊儿童接受教育，而在正常儿童身上却引发自我

---

① 韦伯定律是德国生理学家恩斯特·海因里希·韦伯提出的一个著名的心理学定律。该定律主要描述了心理量和物理量之间的关系。

教育的现象中清晰可见。

这是目前为止我在诸多实验中遇到的最有趣的现象，也让我明白，对正常儿童采取自由的教育方法以及对他们进行观察是可行的。

假设在我们面前有一块木块，木块上有十个小孔，每个孔中放入一个木质圆柱体，圆柱体的底面直径不同。现在让孩子们进行这样一个游戏：将圆柱体从孔中取出，放在桌上打乱，然后逐一放回原位。这个游戏可以训练儿童眼睛对尺寸差异的辨别能力。

对于特殊儿童，我们需要从对比度更强的刺激练习开始，而且只有在做了许多其他练习之后，才能进行这种练习。而对于正常儿童，这是我们给他们呈现的第一个物体，这个游戏也是两岁半至三岁孩子最喜欢的游戏。

当我们指导特殊儿童做这个游戏时，需要反复给他们展示木块的各个部分，并且要想办法让他们把注意力集中到木块上。如果他们成功地把木块放回原位，他们就会停下来，游戏也就结束了。当他们放错位置时，我们需要进行纠正，或者督促他们自己改正错误。而正常儿童会自发地对这个游戏产生浓厚兴趣。他会推开任何试图干扰或帮助他的人，他希望可以独自完成这个游戏。

人们已经注意到，两三岁的儿童特别喜欢整理小物件，而"儿童之家"的这个游戏验证了这一说法的真实性。

还有一点非常重要，那就是正常儿童会观察圆柱体与孔之间的大小关系，并且对这个游戏表现出非常大的兴趣，这一点从他们专注的小脸上可以清楚看出。如果他弄错了，把某个圆柱体放到较小的孔中，他会立刻纠正错误，然后进行各种尝试，直到找到合适的孔。如果他将所有圆柱体都放入略大的孔中，那么到最后，他手中将只剩下最大的圆柱体，而剩下的那个孔是一个最小的孔。这就是这套工具巧妙的地方，只要儿童有一处地方出现错误，圆柱体便无法全部复原。这时，他会开始纠正自己的错误。多数情况下，他会摸一摸圆柱体，以辨别哪个是最大的。有时，他一眼就能看出错误所在，并立刻将圆柱体从错误的孔中拿出来，然后将它们放到正确的孔中。

事实上，教育材料的教育意义恰恰体现在那些错误中，当儿童可以把每一个圆柱体都放到正确的位置上时，他就已经完成了练习，这个材料对他来说也就失去效用了。

这种自我纠正会引导儿童将注意力集中在尺寸的差异上，并对不同的圆柱进行比较。这就是感官教育的实质所在。换言之，我们的目的不是通过这些材料教儿童学会尺寸相关的知识，也不是期望儿童能毫无错误地使用各种材料，那样只会使我们的材料和其他材料（如福禄贝尔的材料）处于同一个水平。

其实，真正需要发挥作用的是儿童的自主训练和自我纠正，在这个过程中，教师不能过多地干涉，因为没有哪个教师能通过传授使儿童获得通过体育锻炼才能获得的敏捷性，学生必须通过自身努力不断完善自己。感官教育也是同样的道理。

可以说，任何一种教育形式都是如此：一个人之所以成功，并非因为他的老师，而是因为他所付出的努力。

在传统教育中，将这一方法付诸实践的困难之处在于，当儿童在某些错误面前困惑了一段时间，眉头紧蹙，嘴唇紧闭，努力纠正自己的错误时，教师总会进行干预。之所以会这样，是因为教师常常会心生怜悯，进而不由自主地想去帮助儿童。当我们阻止这种干预时，他们会表现出对儿童的同情，但其实，这些儿童很快就能解决问题，并会为此感到快乐。

事实上，正常儿童会多次重复上述游戏。重复次数因人而异。有些儿童完成五六次后就对此感到厌倦，有些儿童重复二十次之后，依旧兴趣盎然。有一次，我看到一个四岁的儿童重复了十六次，为了分散他的注意力，我让其他儿童唱歌，但他对其他儿童的歌声无动于衷，依旧继续他的游戏。

明智的教师应当能够进行极富启发性的个体心理观察，并能够测量出各种刺激物吸引儿童注意力的时长。事实上，当儿童进行自我教育，且错误地操纵和纠正教学材料时，留给教师的就只剩下观察了。此时的教师更像是一名心理学家。按照我的方法，教师教得少，观察得多。最重要的是，他的职责是指导儿童的心理活动和生理发展。因此，我认为应该把教师的名称改为指导者。

　　起初，这个名称引来了很多人的嘲笑，因为人们都非常疑惑：既然这位教师没有助手，而且他必须让他的学生自由活动，那么他还能指导谁呢？其实，教师的指导比人们通常理解的指导要深刻得多，也重要得多，因为教师指导的是生命和灵魂。

　　第二，感官教育的目标是通过反复练习来提升儿童对不同刺激的感知能力。感官教育对儿童感知能力的发展起着积极的促进作用，虽然它没有引起人们足够的重视。例如，在法国常见的感官测试中，经常可以看到放置在不同位置上的大小不一的立方体。儿童被要求选出最小和最大的立方体，教师用计时器测量其从指令发出到动作完成的时间。错误次数也会记录在内。需要强调的是，在这类实验中，感官教育被忽视了。

　　在我们为儿童准备的感官教育的教学材料中，有十个立方体。第一个立方体的底面积是十平方厘米，其他立方体的底面积依次缩小一平方厘米，最小的立方体的底面积是一平方厘米。练习的内容是把粉红色的积木扔到绿色的地毯上，然后把它们堆成一座小塔，把最大的立方体作为底座，然后按大小顺序摆放其他的立方体，直到把最小的立方体放在塔顶。

　　孩子们每次都必须从散落在绿色地毯上的积木中选出"最大"的积木。这个游戏对两岁半的小朋友非常有吸引力，他们搭好小塔后，便用手轻轻地把它推倒，然后欣赏散落在绿色地毯上的粉红色方块。随后，他们会重新搭建小塔，搭好后会再一次把它推倒，如此反复数次。

如果我们让"儿童之家"的一个三四岁的儿童和一个小学一年级（六七岁）的儿童进行搭小塔的测试，"儿童之家"的儿童会更快完成这项测试。有关色彩感知的测试也是如此。

最后，让我简要总结一下：我们的教学材料使儿童的自我教育成为可能，而且实现了对感官的系统化教育。这种教育并非依赖于教师的能力，而是依赖于教学体系。该体系所呈现的教学材料，首先要能够吸引儿童的注意力；其次，便是可以合理地对儿童进行分级刺激。

"儿童之家"的教师必须对教育中的两个概念有清晰的认知：指导儿童与儿童的自我教育。儿童的自我教育固然重要，但教师的指导也不可或缺，尤其在儿童需要指导的时候。当然，并不是什么情况都需要教师指导，正确的介入时机与介入方式至关重要。

在"儿童之家"，有一个五岁的儿童，我发现他仅用两周时间就掌握了字母表，又过了一段时间，他学会了拼写单词。他善于观察，对绘画中会用到的透视法也有一定的认识，并且非常巧妙地画出了一栋房子和一把椅子。在色彩感知练习中，我们选取了八种颜色，每种颜色由深到浅再分成八种，然后我们准备了六十四块小木板，每块小木板涂上一种颜色，最后我们将六十四块小木板打乱。他可以快速地把六十四块小木板分成八组，完成这一步后，他还能轻松地将每组颜色按渐变色进行排列。渐变的色彩铺满了小桌子，宛如一块彩色的地毯。完成这个练习后，我将他带到窗前，让他看一块色板，并让他记住他所看到的颜色。随后，我将他带到小桌子前，让他找出与他刚才看到的一样的颜色。多数情况下，他都可以找出正确的颜色。这个男孩的辨色能力和色彩记忆力很强，但当我问他白色线轴的颜色时，他犹豫了很久才不确定地说出"白色"。我非常惊讶，因为一个如此聪明的孩子，应该很轻松就能记住每种颜色的名字。

"儿童之家"的教师告诉我，在发现那个孩子记颜色名称有很大困难之前，他一直让那个孩子自由地进行色彩感知练习。不干扰儿童，让儿童进行自我教育的确没有问题，但在必要的时候，教师也需要对儿童进行适当的指导。

针对这个孩子的情况，我发现塞昆的教学法可以发挥作用。他的教学法可以分成三个阶段：

第一阶段：将感官知觉与名称联系起来。例如，我们向儿童展示两种颜色：红色和蓝色。呈现红色时，我们只说"这是红色"，呈现蓝色时，我们只说"这是蓝色"。

第二阶段：认识与名称相对应的物体。我们先对孩子们说"把红色给我"，后对孩子们说"把蓝色给我"。

第三阶段：记住与物体对应的名称。我们问孩子们（同时出示物体）："这是什么颜色？"孩子们答道："红色。"

塞昆坚决主张这三个阶段，并强调颜色应在儿童眼前停留数秒。他还建议我们永远不要呈现单一颜色，而应始终成对展示，因为对比有助于增强色彩记忆。事实上，我已经在特殊儿童身上证明了这一方法。就目前而言，没有比这种方法更好的教授色彩的方法了。采用这种方法，特殊儿童甚至可以比普通学校里接受随意感官教育的正常儿童更快地认识各种颜色。对于正常儿童而言，在这三个阶段之前还应存在一个阶段，即包含真正感官教育的阶段。这是获得精细的差异感知能力的时期，只能通过儿童的自我教育来实现。这也恰恰说明，相较于特殊儿童，这种教育方法对正常儿童的智力发展能产生更大的影响。

将名称与刺激物联系起来可以给正常儿童带来极大的乐趣。记得有一天，我教一个还未满三岁、语言发育略显迟缓的小女孩认识三种颜色。我和她坐在一张桌子前，桌子上放着三对彩色线轴，即两根红色、两根蓝色、两根黄色。在第一阶段，我将一根线轴放在儿童面前，让她找出与之颜色相同的一根。每一种颜色都重复了这个过程。接着，我给她示范如何将它们仔细配对摆放。最后，我们来到第三个阶段。小女孩学会了辨认这三种颜色，并能说出每种颜色的名称。

她非常高兴，看了我很长时间，然后开始欢快地跳动。看到她如此快乐，我笑着对她说："你知道这些颜色了吗？"她一边跳，一边回答："知道！知道！"她是那么开心，围着我手舞足蹈，期待我再次问她同样的问题，好让她同样热情地回答："知道！知道！"

感官训练有一个特点，那就是可以把感官隔离起来进行训练。例如，在一个黑暗的环境中，视觉被隔离起来，这样可以使听觉训练更有效。

对于一般感官训练，如触觉、温觉、重量感觉及立体感知等，我们会让孩子们戴上眼罩。心理学已经充分阐述了采用这种特殊方法的原因。在这里，我们只需要指出，对于正常儿童来说，蒙上眼睛会大大提高他们的兴趣。

为了测试儿童的听觉敏感度（这对教师来说是非常重要的一点），我使用了一种越来越多医生在进行医学检查时使用的经验测试法。这种测试法是把声音调到只有耳语那么轻。在此测试中，教师可以给儿童戴上眼罩，或者站在他们身后，然后在不同距离轻声呼唤他们的名字。测试时，要保持教室安静。我会轻声呼唤每一个儿童的名字，离我近的呼唤声音会轻一些，离我远的声音则相对清晰一些。在黑暗中，每个儿童都在静静地等待那个他们渴望听到的、轻轻的呼唤。他们全神贯注地听着，随时准备朝着那声呼唤奔去。

在一些游戏中，如让他们分辨不同的重量，正常儿童会被蒙上眼睛，这样做可以帮助他们更好地集中注意力，从而感受到重量的不同。戴眼罩还增加了他们的乐趣，当他们猜出正确答案后，会倍感自豪。

但是，对特殊儿童来说，这类游戏的效果就没那么明显了。当他们处在黑暗中时，他们很容易睡着，或者做出一些混乱的行为。当使用眼罩时，他们的注意力会被眼罩吸引，这就把本应是训练的活动变成了一场游戏，而我们的目的自然也就无法达到了。

需要强调的是，我们虽然在教育中提到了"游戏"，但我们所说的"游戏"是一种有明确目的且有序进行的自由活动，而不是那种会让人分心的嘈杂声。

【第十三章】

感官训练与教具示例

———

触觉、温觉与重量感训练

触觉与温觉的训练是相辅相成的，因为适当提高人体所接触物品的温度，可以使人的触觉变得更加敏锐。要训练人的触觉，必须触摸一些东西，而用温水洗手，不仅可以起到训练触觉的作用，还可以让儿童明白一个基本的清洁原则：不用不干净的手触摸物体。因此，我会将洗手、指甲护理等实际生活中的基本常识融入儿童的触觉训练中。

由于实际生活的需要，针对儿童开展的触觉练习通常只限于手。我会让儿童用肥皂仔细洗手，然后用温水冲洗。之后我会教他如何擦干双手。学习这些还有一个作用，那就是为后面学习洗澡打下了基础。接着，我会教儿童如何触摸物体，更准确地说，是教他们如何用手指轻轻滑过物体表面。

另一个特别的技巧是教儿童在触摸时闭上双眼。我会告诉他们这样做能更好地感受到物体细微的差别，从而引导他们在没有视觉帮助的情况下分辨接触的物品。孩子们很快就能学会并且非常享受这个过程。通常情况下，在进行这些练习时，孩子们会主动找到教师，自觉闭上眼睛，然后认真地触摸教师的手掌或衣服的布料。通过这种方式，孩子们的触觉得到了锻炼。他们非常喜欢触摸柔软舒适的表面，并能极为敏锐地分辨出砂纸卡片的不同。

教具包括：

a. 一个长方形木板，它被分成两个相等的长方形，一个覆盖着非常光滑的纸或将木头打磨得非常光滑；另一个则覆盖着砂纸。

b. 一个与前面类似的长方形木板，上面交替覆盖着光滑纸条和砂纸条。

我还使用了粗细不同的纸片，从细腻的硬纸板到粗糙的砂纸都有。当然，在其他课程中使用的布料也可以用于这些课程。

关于温觉训练，我使用了一组小金属碗，碗里装着不同温度的水。我会用温度计来测量这些水的温度，以确保碗内的水温是不同的。我还设计了一套由非常轻的金属制成的器具，器具中装满水。这些器具带有盖子，每个盖子上都附有一个温度计。从外部触摸这些器具，可以感受到器具内水的温度。

我还让孩子们将手浸入冷水、温水和热水中。他们非常喜欢这项练习。我希望未来有机会让他们用脚做同样的练习。

关于重量感的训练，我使用了一些小木板，每块木板长 8 厘米、宽 6 厘米、厚 0.5 厘米。这些木板由三种不同的木材制成：紫藤、胡桃木和松木，重量分别为 24 克、18 克和 12 克。这些木板表面非常光滑，涂有透明漆，这样既可以除去木板的粗糙感，又可以保留木材的天然颜色。其实，通过不同的颜色，孩子们便可以识别出木板的重量，这也成了他们训练重量感的一种方式。练习时，孩子们会拿起两块木板，放在手掌上，手指伸直支撑，然后轻轻摇晃，通过感觉来判断重量。我们会让孩子们闭上眼睛，不依赖颜色的帮助，仅凭重量的差异来进行辨识。通过练习，孩子们很快就能掌握这一技能，并且非常喜欢这种"猜测"游戏。

这个游戏还能吸引周围小朋友的注意，他们会围成一圈观看并轮流猜测。有时，孩子们还会主动使用眼罩，一边玩一边开心地笑。

立体感知训练

关于立体感知训练，我们进行了一系列练习，取得了非常好的教育成果。我认为有必要把这些练习介绍给教师，以便他们能更好地应用。

在立体感知练习中，我们使用的第一套教具是福禄贝尔设计的小砖块和立方体。我们首先让孩子们注意这两种物体，让他们在睁眼的情况下仔细触摸这些物体，并重复告诉他们这些物体的一些细节。之后，我们会让孩子们把立方体放在右边，小砖块放在左边，并在不看它们的情况下用手感觉它们的形状。最后，我们让孩子们把眼睛蒙起来，再重复这个练习。大多数儿童都能成功完成这项练习，两三次之后，便不会出错了。小砖块和立方体加起来一共有二十四个，足以让儿童在这个游戏中保持较长时间的注意力。

有一天，一位女教师让我注意一个三岁的小女孩，她是我们这里较小的学生之一，她完美地完成了这项练习。我们让这个小女孩舒服地坐在靠近桌子的扶手椅上，将这二十四个物体摆在她面前的桌上，并将它们混合在一起。我们提醒小女孩注意这些物体形状的差异，并告诉她把立方体放到右边，小砖块放到左边。当我们为她蒙上眼睛后，她开始按我们教的方法进行练习，她拿起物体，通过触摸进行判断并放在正确的位置。有时她会同时拿起两个立方体或两个小砖块，有时是右手拿砖块，左手拿立方体。她需要通过触摸来识别每个物体的形状，并记住各个物体的正确位置。对于一个三岁的儿童来说，这项练习很难。

但通过观察，我发现她不仅轻松完成了练习，而且她的动作比我们教得更为自然和流畅。事实上，她在把两个物体拿到手上的一瞬间，如果发现左手拿的是立方体，右手拿的是小砖块，她会立刻调换它们，然后开始感觉手里物体的形状（这是我们教的，她可能以为这是必不可少的步骤）。其实，刚一触碰物体的时候，她就分辨出了物体的形状。

此外，我发现这个小女孩具备非常出色的双手协调能力。我希望能进一步研究这个现象，以探索培养双手能力的可能性。

我在其他儿童身上重复了这一练习，发现他们在仔细感受物体轮廓前就能识别这些物体的形状。这一点在年龄较小的儿童中尤为明显。我们的教学方法在这方面提供了一种卓有成效的联想训练，使得孩子们的判断速度得到了提高，而且这种方法非常适合小孩子。

立体感知练习可以有多种形式，这样可以让孩子们保持兴趣。例如，他们抓物体时，可以抓任何小物品，如玩具士兵、小球、各种硬币等。经过训练，他们可以辨别出形状相差极小的物品，如玉米、小麦和大米。

对于能够用手"看"东西这件事，孩子们非常自豪，他们有时会伸出手来，高兴地说："这是我的眼睛，我能用手'看'东西。"我们的小朋友在我们为他们规划的道路上前行，他们出人意料的进步经常带给我们惊喜，当然，我们在感到惊喜的时候，也不会忘了继续观察他们。

味觉和嗅觉训练

对幼儿进行味觉和嗅觉训练非常困难，到目前为止，我还没有取得令人满意的结果。我只能说，那些常用于心理测试的练习并不适用于幼儿。

儿童的嗅觉尚未发育成熟，因此很难通过嗅觉来吸引他们的注意力。我们曾尝试过一种测试方法，但由于试验的次数不够多，还无法形成一套系统的方法。具体操作如下：我们让儿童闻新鲜的紫罗兰和茉莉花，然后蒙上他们的眼睛，把一束花放在他们的鼻子下面，让他们猜是什么花。我们一般通过增减花朵的数量来调整香味的强弱。

至于味觉训练，可以让儿童尝酸、甜、苦、咸各种味道的液体。这种方法很适合年龄较小的儿童，他们通常很乐意参与这种游戏。这也是教他们如何彻底清洁口腔的一个好机会。孩子们享受识别不同味道的过程，并且在每次测试后都会用温水仔细地漱口。这样，不仅进行了味觉训练，也进行了卫生训练。

味觉训练和嗅觉训练都可以在孩子们的午餐时间进行。

视觉训练

尺寸的视觉感知差异

　　首先介绍第一组教具：该组教具包括三块大小相同的木质长条块，其长为 55 厘米、高为 6 厘米、宽为 8 厘米。每块木头中都有十个圆柱形的小孔，可以嵌入相对应的圆柱体的小木片。这些小木片顶部中心有一个小木钮或铜钮，方便人们抓取。插入第一块长条块中的圆柱体的高度都是 5.5 厘米，但直径不同，最小的直径是 1 厘米，其余的每个依次增加 0.5 厘米。插入第二块长条块中的圆柱体的直径都是 2.7 厘米，是前一块中最大圆柱的直径的一半。这一块长条块中的圆柱体在高度上有差异，最低的只有 1 厘米高，其余每个依次增高 0.5 厘米，最高的为 5.5 厘米。插入第三块长条块中的圆柱体在高度和直径上都有所不同，起始的一个高度和直径均为 1 厘米，之后每个依次增加 0.5 厘米。儿童通过操作这些教具，可以学会根据厚度、高度和大小来区分不同的物体。

　　儿童可以在教室里的桌子上操作这些教具。他们从教具中取出圆柱体，把它们摆在桌上混合到一起，然后将每一个放回对应的孔中。这些教具由硬质松木制成，并且经过了打磨和上漆处理。

其次要介绍由三个不同系列物体组成的教具。每个系列学校都需要准备两套。

一是厚度系列（厚度不同的物体）：这一系列包含十个厚度不同的长方体，最厚的为10厘米，其他依次减少1厘米。这些长方体的长度是相同的，且都被染成深棕色。孩子们先将它们撒在小地毯上，然后根据厚度给它们排序，确保其完全对齐。这些长方体从第一个到最后一个排列起来就形成了一个台阶。如果在排列的过程中出现了错误，楼梯会变得不规则，也就是说，后面的台阶可能会比前面的台阶高，而原本应该递增的台阶反而变低了。

二是长度系列（长短不一的物体）：该系列包括十根木棒，每根木棒宽都是3厘米。第一根木棒长1米，最后一根为10厘米。中间的木棒每根长度递减10厘米。每隔10厘米的部分交替涂成红色或蓝色。放置时要让颜色相对应，形成横向的彩条，整套摆放完毕后，看起来像是由递减的管风琴管组成的直角三角形。

孩子们将这些木棒按长度排列，确保颜色相匹配。这种练习也很容易发现错误，因为如果木棒放置的位置不对，便不能形成一个直角三角形了。

这套教具在数学学习中也可以发挥重要作用。例如，教儿童学习数字一到十以及加减法时，可以使用这套教具，这也是学习十进制的第一步。

三是体积系列（体积不同的物体）：该系列包括十个涂成玫瑰色的木制立方体。最大的立方体底边为 10 厘米，最小的为 1 厘米，中间每个立方体的底边依次减少 1 厘米。此外，配有一块绿色的小地毯，也可以是油布或硬纸板。练习内容是按照大小顺序将立方体堆叠起来，堆成一座小塔，最大的立方体在底部，最小的在顶部。如果立方体放错了位置，堆成的塔将是不规则的。在最开始进行这项练习时，孩子们常犯的一个错误是将第二大的立方体当作基底，而将最大的立方体放在上面。我通过观察发现，特殊儿童也经常犯这样的错误。当我问他们"哪个是最大的立方体"时，孩子们往往不会选择最大的那个，而是选择第二大的那个。

用这三个系列的物体对儿童进行训练时，都可以在原有玩法的基础上做一定的变动。例如，原有玩法是在地毯上把物体的顺序打乱，然后让儿童在这块地毯上把物体按照顺序排列好。进阶玩法就是在地毯上把物体的顺序打乱后，让儿童把这些物体搬运到离地毯有一段距离的桌子上，然后在桌子上把物体按照顺序排列好。在搬运每个物体时，儿童需要保持专注，否则当他走了一段距离后，便有可能忘记该寻找哪个尺寸的物体了。

进阶玩法适合四到五岁的儿童；而在同一地毯上按顺序排列物体的玩法适合三到四岁的儿童；对于不到三岁的儿童，他们很喜欢用立方体搭建楼梯或小塔，他们会一遍又一遍地将其推倒重建。

色彩的视觉感知差异——色觉训练

在色彩教学中，我们会使用色彩鲜艳的布料和不同颜色的羊毛球。对正常儿童进行一系列测试后，我设计了一套用于培养色彩感知能力的教学材料。小木板是材料之一，这些小木板被彩色的羊毛或丝绸包裹起来，两端套有木制保护套，作用是防止羊毛或丝绸表面接触桌面。我们会教导儿童用保护套拿取小木板，这样可以避免他们用手直接触摸到上面的颜色，从而确保材料可以长时间使用。

我选取了八种颜色，并为每种颜色设计了八种不同深浅的色阶。这些颜色包括黑色、红色、橙色、黄色、绿色、蓝色、紫色和棕色。每种颜色的色板都有两份，因此整套材料共有一百二十八块色板。我们将这两份色板分装在两个盒子里，每个盒子有八个隔间，每个隔间放置八块色板。

色板练习：在最初的练习中，我们会挑选三种明亮的颜色，如红色、蓝色和黄色，每种颜色选出两块色板；然后，我们将这些色板放在桌子上，给儿童示范其中的一种颜色后，让他在桌子上的色板中找到相同的颜色。孩子们会按颜色将它们配对，两两排成一列。孩子们熟练了之后，便可以逐渐增加色板的数量。可以从鲜艳的颜色开始，逐步过渡到较轻的颜色。

在接下来的练习中，我们会展示两种不同颜色（如红色和蓝色）的八个色阶，并示范如何将这些色阶分开并按顺序排列。随着练习的深入，我们还会让孩子们练习色彩更相近的组合，如蓝色和紫色、黄色和橙色。

在一所"儿童之家"，我发现类似这样的颜色游戏取得了巨大的成功。教师在桌子上摆放了与儿童人数相等的色组，每个儿童负责一个色组。教师将这些色板混合，然后告诉孩子们，把自己负责的色组从混合的色板中挑出来，并按照渐变色排好顺序。令人惊讶的是，每个儿童都能迅速完成任务。

在色彩记忆的实验中，我们让孩子们观察一种颜色，然后让他们去远处的一个桌子上，从上面排列好的色板中选出与之相同的颜色。孩子们在这个游戏中表现得很好，很少会出错。相对而言，五岁儿童更喜欢这个游戏，他们会笑着比较两个色板，并判断自己的选择是否正确。

听觉训练

我们对儿童进行听觉训练的目的有两个：一是让儿童能够辨别和谐的声音和噪声，二是在辨别的基础上，让儿童对噪声产生反感。如果儿童不能区分和谐的声音和噪声，那么他们很容易制造各种噪声，所以听觉训练不可或缺。

听觉训练的具体操作其实并不难，我通常按照如下程序进行：

首先，我会引导孩子们保持安静，当教室足够安静时，我会低声说："我听到了钟声，听到了苍蝇翅膀在嗡嗡作响，听到了花园里的大树在窃窃私语。"孩子们很喜欢参与到这个训练中，他们安静地坐着，教室里似乎空无一人。有时，会出现某个儿童突然发出声音的情况，这时，只需要一个手势，他便可以重新保持安静。

其次，我开始制造和谐的声音。我习惯使用和谐的钟声，因为它的声音很好听，可以让儿童感到平静。随后，我开始制造噪声。在安静的环境里听到噪声让人很不舒服，尤其在听了和谐的钟声后。儿童的反应非常明显，他们很讨厌噪声。

通过几次这样的训练，孩子们对噪声的厌恶度越来越高，与此同时，他们制造噪声的情况在一点点减少。

音乐教育

音乐教育必须讲究方法。儿童在听一些伟大音乐家的演奏时，往往表现得无动于衷，因为他们无法理解那些音乐。而当他们在街上看到有人演奏风琴时，会欢呼雀跃地围在周围，表现得很兴奋。因此，对儿童进行音乐教育时，不能只关注音乐，还要关注乐器，这种乐器需要能够唤起儿童的节奏感。我认为弦乐器（比如简化版的竖琴）是一个非常好的选择。

选择了乐器后，还需要采取适当的教学方法。那些在上课时背对学生，并且常常弹得不尽如人意的教师，永远不会成为合格的音乐教师。

儿童需要从各个方面被吸引，包括通过教师的眼神和姿态。一位优秀的教师会弯腰向孩子们靠近，让他们自由地围在他周围，这样就能与孩子们建立起真正的联系。教师轻轻地弹奏简单的节奏，如果弹奏时能伴以歌声，而孩子们也能自由地跟着他一起唱，那无疑会更好，因为这样他就可以挑选出孩子们喜欢的歌曲，然后根据不同年龄段儿童的喜好来作出调整。总之，我认为简单原始的乐器最适合唤醒幼儿心灵中的音乐。

在米兰的"儿童之家"，我们请一位才华横溢的音乐家担任教师，并进行了一系列试验，以进一步探索幼儿的肌肉能力。他用钢琴做了许多试验，发现孩子们对音调不太敏感，而对节奏非常敏感。基于这个发现，他编排了一些简单的舞蹈，来研究节奏对肌肉协调性的影响。令他惊讶的是，这种音乐活动不仅起到了教育效果，还起到了纪律效果。这些儿童在教师的引导下，学会了自发地规范自己的行为和动作。

作为自由教育的忠实实践者，他并不认为跳跃是一种错误的行为，因此从未纠正过他们。而通过重复的节奏练习，孩子们渐渐地不再做那种难看的跳跃动作，最后甚至完全改掉了这一习惯。当教师询问这一行为变化的原因时，年纪大些的儿童给出了各种回答，但意思大致相同："那样跳不好看，显得很粗鲁。"

这无疑是我们教育方法的一大胜利。这次试验表明，我们可以通过教育来培养儿童的肌肉感觉，而且这种感觉可以随着肌肉记忆的发展而变得极为精细。

听力敏锐度测试

在"儿童之家"中，我们迄今为止做得比较成功的实验是钟表实验和低语实验。这些实验完全是经验性的，并不适用于感官测试，但它却非常有用，因为它帮助我们大致了解了孩子们的听力敏锐程度。

钟表实验的第一步是在环境完全安静下来之后，让孩子们集中注意力听时钟的滴答声和其他平时不容易听到的细微声音。下一步，我们会在隔壁房间低声呼唤每个孩子的名字。在进行这种实验前，我们需要让孩子们理解"安静"的真正含义。

为此，我设计了几个"安静游戏"，这些游戏能有效地增强孩子们的自律性。

我让孩子们把注意力集中到我身上，让他们看我能保持多安静。我会尝试不同的姿势：站立、坐着，并且在做每个姿势时都保持安静，不发出任何声响。我还会尽可能降低呼吸的声音。当然，做这一切并不容易。在这之后，我会叫一个儿童来模仿我。然而，他在调整姿势时，会发出声响。他的呼吸声也比较大，无法像我那样把呼吸声降到最低。

在这个儿童做这些动作时，我会进行简要的点评，然后便和这个儿童一起保持安静，其他儿童则在一旁观察。通过这个游戏，很多儿童对他们之前从来没有注意到的一个事实产生了兴趣，那就是我们平时会不自觉地发出很多声音，而且安静也有不同程度之分。当我在教室里安静地站着的时候，孩子们惊讶地看着我，仿佛我不存在一样。这时，他们会努力地模仿我，想要和我一样从这间教室里"消失"。

通过这样形式形成的安静与我们平时所说的安静截然不同。这一刻，仿佛教室里的生命全都消失不见了，房间变得空荡荡的。由于十分安静，我们听到了钟表的滴答声，我们还听到了从外面传来的各种声音，如鸟叫声、儿童的脚步声。

达到这种状态后，我便把窗户关上，并让孩子们闭上眼睛，把手靠在头上。我轻声地告诉他们："当听到一个温柔的声音呼唤你们的名字时，你们便轻轻地走到隔壁的房间去，在走动时，要尽可能地不制造出任何声音。"然后，我走到隔壁房间，用低沉的声音呼唤他们的名字。每个儿童被呼唤时，都会开心地抬起头，睁开眼睛，然后慢慢地站起来，尽可能不发出一点声响。尽管他们走路时非常小心，但在如此安静的房间里，仍然可以听到他们的脚步声。走到隔壁房间的门口时，他们的脸上洋溢起笑容，并欢快地跳进房间。走到这个房间的儿童，有的会安静地待在房间里，有的则会站在门口观察另一个房间的儿童。被叫到的儿童会觉得很荣幸，仿佛得到了一份礼物、一份奖励。当然，每个儿童都会被叫到。不过，我会告诉他们，谁保持得最安静，谁会最先被叫到。因此，每个儿童都非常努力，希望可以最先叫到自己。在一次游戏中，我看到一个小女孩想打喷嚏，但她努力忍住了，没有发出任何声响。这着实让人惊讶。

他们非常喜欢这个游戏，每次做这个游戏，他们都表现得很开心，而且能够保持安静。一开始，我为了让他们保持安静，答应他们被叫到名字后，会送给他们一些糖果和小玩具。我以为要说服孩子们，礼物是必要的，但很快我就发现，礼物并不是必要的。

孩子们能尽自己最大的努力保持安静，而且他们非常享受这样做。于是，我放弃了允诺礼物这一无用的手段。事实证明，礼物确实没用。即便没有礼物，孩子们也会保持安静，一直到游戏结束。

直到那时我才意识到，孩子们也有独属于他们的精神奖励。通过这次实验，我感觉我与孩子们的距离拉得更近了，他们也变得更加温顺、更加可爱了。从某种程度上来说，在那几分钟里，我和孩子们与世界隔绝了，我们在一个独立的环境中进行着密切的交流，而我发出的呼唤，对于他们而言，仿佛是在为他们加冕。

【第十四章】

关于感官教育的一般说明

一

我并不认为我已经把适用于幼儿感官训练的方法完善到了极致。但我相信，它为心理学研究开辟了一条新的道路，有望取得丰富而有价值的成果。

迄今为止，实验心理学一直致力测量工具的完善，还没有人尝试过对个人的感官进行教育。我相信，相比于完善测量工具，感官教育对于促进实验心理学的发展更有意义。

感官教育的目标是双重性的，既包含生物学层面，也包含社会层面。从生物学层面看，我们希望通过感官教育促进个人的自然发展；从社会层面看，我们希望培养儿童适应环境的能力。由此可见，感官教育至关重要。事实上，人类感官的发展确实先于智力的发展，而三至七岁正是儿童感官发展的关键期。因此，在这个阶段，我们要重视起儿童的感官教育。

针对儿童开展的一切教育都必须遵循一个原则：促进儿童身心发展。

在具体操作中，我们可以对儿童系统地施加感官刺激，以逐步达到感官教育的目标。其实，感官教育不仅能促进儿童感官的发展，还能帮助他们建立清晰的思维，并发现那些不容易被发现的缺陷。

我们所采用的教育方法，也有助于培养儿童观察环境的能力。科学的进步依赖于观察，所有重大的发现及其应用都离不开观察，而这些发现和应用彻底改变了我们的生活。因此，我们必须培养新一代具备这种观察能力，这对人类文明的发展至关重要。从这个角度来看，这是一种不可或缺的能力，更是人类继续有效推动社会进步的必备条件。

感官教育可以使人成为观察者，更可以帮助儿童更好地适应生活。我认为，到目前为止，我们对实际生活中所必需的东西的认识还不完善。我们通常从理论出发，然后转向实际操作。例如，在教育方法上，我们通常先进行理论研究，然后实践我们所研究的理论。在教学时也是如此，我们先教给学生理论知识，然后让他们进行实践。学生在实践时往往会出现各种问题。之所以会出现这种现象，一个重要的原因是我们在教学时忽略了一个极其重要的环节——感官能力的培养。在这里，我可以用几个例子证明我的观点。

现在有一位厨师，他的任务是去买一条新鲜的鱼。如果厨师没有接受过感官训练，无法通过视觉和嗅觉识别鱼是否新鲜，那他很可能无法完成这项任务。烹饪也是如此。如果厨师无法通过食物的外观或食物的味道来判断是否完成烹饪，那他很有可能会出错。

该道理同样适用于医生。如果他们的感官能力较弱，在分析病人的病情时很可能也会遇到各种阻碍。当然，通过后期的专业训练，这些缺点都可以在一定程度上得到弥补，但如果能在他们小时候开展相关方面的基础性训练，便可以为他们成年后的各种学习与专业训练奠定坚实的基础。因此，在个体的成长期，我们便需要开展感官教育，并贯穿整个成长期。

我们常说，"要有一双善于发现美的眼睛"。从某种意义上来说，这句话表达的意思是要欣赏美，就必须拥有敏锐的感官。对于感官不敏锐的人来说，他们无法发现大自然中的美，因此，更无法欣赏美。对他们而言，世界是狭隘而贫瘠的。其实，在我们的生活中，存在着很多美的东西，但对这些美无动于衷的人来说，他们只能从低俗的内容中感到快乐，因为这些感觉是他们唯一可以获得的。

其实，很多恶习都是从低俗的享乐中产生的。实际上，强烈的刺激不会使人的感官变得更敏锐，反而会使感官变得迟钝，因此，这些人需要的刺激也会变得越来越强烈、越来越低俗。而在低俗的享乐中，人性被扼杀，野兽的本能被唤醒。

【第十五章】

智力教育

—

感官训练属于一种自我教育，通过多次重复这种练习，可以帮助儿童完善心理感觉过程。在这个过程中，教师需要适当地进行干预，引导儿童从具体的感受逐步过渡到抽象的思维。因此，教师应采用特定的方法，将儿童的内在注意力集中到感知上，就像之前的课程中通过隔离手段将他们的外部注意力集中到单一的刺激上一样。

换句话说，教师在授课时，必须设法让儿童把注意力集中到授课对象上，让他们专注于课程的主题。例如，在感官教育中，教师需要把儿童需要锻炼的感官分离出来。

为此，教师必须掌握一种特殊的技巧。教师应尽可能少地干预，但也不能让儿童在自我教育中感到无助或疲惫。这就需要教师具备敏锐的感知能力，可以在适当的时候介入。

在教育中，教师的一项工作是教授准确的术语。多数情况下，教师需要清晰且准确地念出这些术语，让儿童能够清楚地听到单词中的各个发音。例如，在触觉训练中，当儿童触摸光滑和粗糙的卡片时，教师应该清晰地说："这是光滑的。这是粗糙的。"他可以用不同的音调重复这些词，但要保持发音的清晰和准确。

同样地，当谈到冷热感觉时，教师需要说"这是冷的""这是热的""这是冰冷的""这是温热的"。在这之后，教师还可以使用一些通用术语，如"热""很热""不太热"等。

如果做进一步解释，教师的工作可以细化为以下三点。

第一，把具体的物体和它的名称联系起来，或者将名称与它代表的抽象概念关联起来。这就要求教师在教学时除了名称，不能说其他词汇。

第二，教师需要不断检查自己的教学是否达到了预期效果，因此，教师需要测试儿童是否能将物体与其名称联系起来。测试与课程不能挨在一起，中间应空出一些时间。测试时，教师要清晰且准确地说出要测试的问题，如"哪个是光滑的？哪个是粗糙的？"。

如果儿童能够正确指出，就说明他已经成功地将物体与名称联系起来了。但如果他指错了，教师不应立即纠正，而是应该中断课程，改天再继续。为什么不立刻纠正呢？如果儿童没有成功地将名称和物体联系起来，重复感官刺激和名称的操作，即重复教学，的确是解决问题的正确方法，但我们需要明白，他之所以会失败，是因为他当时还没有做好准备，所以我们需要改天再继续。

此外，如果我们在纠正儿童的错误时说"不，你犯了一个错误"这种带有责备性质的话语，可能会给他留下深刻的印象，这个印象要比他对名称的印象更深刻，这无疑会影响他记忆正确的名称。指出错误还会打击儿童的积极性，而教师的一个责任就是要避免儿童出现消极的情绪。因此，不立刻纠正儿童的错误，而是选择改天再继续，无疑是最好的解决办法。

第三，如果儿童没有犯任何错误，教师可以进一步引导儿童正确发音。例如，教师可以问儿童："这是什么？"儿童应该回答："光滑。"如果儿童的发音不对，教师便需要教他如何正确且清晰地发音。首先，深吸一口气，然后，用响亮的声音说："光滑。"在这个过程中，教师应注意观察，以便确认儿童是否存在语言缺陷。

学习了某些概念后，下一步便是把它应用到实际生活中。我认为，我们不能急于进行这样的教学，因为我通过观察发现，儿童在学习了某些概念后，会自发地进行探索。例如，有些儿童在触摸了粗糙和光滑的卡片后，会自发地触摸环境中的各种事物，并重复说"光滑""粗糙"。因此，我们需要做的不是引导儿童将概念应用到实际生活中，而是等待他们自发地去探索环境。在这种情况下，儿童会为每一个新发现感到高兴，而这种满足感会促使他们持续地探索周围的环境。

当然，在等待的过程中，教师并不是什么都不做，而是要时刻保持对儿童的观察，以便在必要的时候给予儿童帮助。例如，有一个四岁的儿童，有一天在院子里玩耍的时候突然停了下来，然后喊道："哦，天空是蓝色的！"之后，他仰望着天空，看了好一会。

有一天，当我走进一所"儿童之家"时，五六个小家伙围了上来，他们轻轻地抚摸我的手和衣服，说"这是光滑的""这是天鹅绒的""这是粗糙的"。不一会，其他儿童也走了过来，一边轻轻地抚摸我的手和衣服，一边重复着相同的话。教师看到之后，想走过来制止小家伙们，但我示意他不要动，我也没有动，只是静静地看着孩子们。我认为，最有效的教育方法就是这样：让儿童自发地探索。

还有一次，在一堂练习课上，一个小男孩选择用彩色铅笔给树的轮廓上色。教师看到后，想阻止这个孩子，但被我拦住了。这个孩子之所以弄错了颜色，是因为他还没有从坏境中观察过真实的树。面对这个问题，我没有上前阻止他，而是带领孩子到花园里去，借助花园里的事物对他们进行感官教育。在那里，孩子们随时可以看到树的颜色。某一天，那个孩子注意到了花园里的树，就像那个在院子里玩耍的孩子突然注意到天空的颜色一样。后来，当教师再一次让孩子们给大树填充颜色时，他选择用棕色铅笔给树干上色，并将树枝和叶子涂成了绿色。再后来，他把树枝也涂成了棕色，只为叶子保留了绿色。

通过这些，我们可以检验儿童的智力。要培养儿童的观察能力，不能只是嘴上说说让孩子去观察，而是要提供观察的方法，这些方法可以通过感官教育获得。因此，当我们能为儿童提供感官教育时，儿童的自我教育也就得到了保证。

当然，在感官教育中，如果教师只专注于某些物体的具体属性，这些属性就会成为训练的一部分，这会导致整个训练过程受到限制，进而影响训练的实际效果。例如，有的教师以传统方式教授儿童颜色的名称时，虽然向儿童介绍了关于颜色的特定信息，但并没有真正培养儿童对颜色的感知能力。儿童对这些颜色的认识是肤浅的，他们对颜色的理解，很容易局限于教师设定的范围。因此，那些习惯使用传统方式的教师，在教授儿童颜色的名称时，经常会这样问儿童："这朵花是什么颜色的？这条丝带是什么颜色的？"在这种教育方式下，儿童对颜色的理解很容易局限在花、丝带等具体的事物上。

如果我们把儿童比作钟表，用传统方法教育的儿童就像我们把时钟的齿轮拿掉，然后用手指拨动指针。只有在我们用手指拨动指针的时候，指针才会转动。新的教学方法则可以看成上发条的过程，它可以使指针自己运转起来。

我们对儿童进行教育，目标之一就是帮助他们自由地发展身心，而非单纯让他们成为被社会公认的"有文化的人"。因此，当我们为儿童提供了可以促进其感官发展的教学材料后，我们要做的就是耐心等待和观察，除非真的有必要，否则不要去干预他们。

以下是我们在尝试遵循这一原则时开展的一些游戏。

蒙眼游戏

"蒙眼游戏"可用于综合感知能力的训练。以下是相关的几个小游戏。

材料感知游戏。在我们的教学材料中，有一个装有多个抽屉的小木箱，每个抽屉里都放着不同材质的布料，有天鹅绒、绸缎、丝绸、棉布、亚麻布等。我们让孩子们触摸这些布料，并告诉他们这些布料的名称，同时向他们介绍这些布料的特性，如粗糙、细腻、柔软。接着，我们让孩子们坐在桌前，并把他们的眼睛蒙上，让他们触摸这些布料，然后判断自己正在触摸的是哪种布料。

重量感知游戏。在我们的教学材料中，有两种木块，一种是深色的，它们的重量较重；另一种是浅色的，它们的重量较轻。我们会先让儿童感知这两种木块的重量差异，然后告诉他们将所有较重的深色木块放在右边，所有较轻的浅色木块放在左边。完成这一操作后，我们会把儿童的眼睛蒙上，并把木块混合在一起，然后让他们重复刚才的操作。没有蒙着眼睛的儿童会在旁边紧张地看着蒙着眼睛的儿童操作。当蒙着眼睛的儿童拿起两块木块，在手里掂量了几次，并把木块放到正确的位置之后，一旁看着他操作的儿童会长叹一声，仿佛终于得到了解脱。有时，一旁的儿童还会为蒙着眼的儿童摆放正确木块位置而欢呼。

尺寸和形状感知游戏。这个游戏和前面提到的两个游戏类似，如让儿童区分不同的硬币、福禄贝尔的砖块和立方块、扁豆种子和豌豆种子等。不过，这个游戏不像前两个游戏那样，能够激发儿童强烈的兴趣，但同样能够发挥一定的作用，如帮助儿童将特定的特性与各种物体关联起来，并记住这些物体的名称。

将感官教育应用于环境观察

在很多学校，儿童经常把一些相近的概念弄混，如"厚"和"大"，"长"和"高"。其实，教师可以借助教学材料让儿童清晰且准确地掌握这些概念，并能够将这些概念与对应的词语联系起来。

教学材料的使用方法

不同尺寸的教学材料：我们有三组不同尺寸的教学材料，第一组教学材料是高度相同、粗度不同的圆柱体。教师需要做的是把这些圆柱体按照从粗到细的顺序在桌子上排列好，然后从中选出最粗和最细的两个圆柱体，对孩子们说："这是最粗的，这是最细的。"这样说的时候，教师需要把两个圆柱体并排放置，以便让孩子们更明显地看到两者的区别。接着，教师需要把圆柱体的底面对向孩子们，让孩子们通过底面的大小更直观地看到两者的差异。最后，教师需要把圆柱体竖立在桌子上，证明它们的高度是相同的，同时再次强调"粗"和"细"。完成这些步骤后，教师可以进行一系列测试，如让孩子们挑出"最粗的圆柱体"和"最细的圆柱体"，问孩子们"这是什么"等。在之后的课程中，教师可以去掉最两端的圆柱体，然后用剩下的圆柱体重复上述操作，直到所有的圆柱体用完为止。教师还可以随机挑选圆柱体，然后让孩子们选择一个"比这个稍粗的"或"比这个稍细的"。

第二组教学材料是高度不同、粗度相同的圆柱体。使用这组教学材料时，教师可以把圆柱体立在桌子上，因为这些圆柱体的底面较大，可以比较稳地立在桌子上。操作方法和第一组教学材料相同，先拿出最高的和最低的两个圆柱体，然后以此类推，直到所有圆柱体用完为止。

第三组教学材料是高度不同、粗度也不同的圆柱体。操作这组教学材料的方法和前面两组相同，教师在排列好这些圆柱体后，先拿出最大的和最小的两个圆柱体，然后以此类推，直到所有圆柱体用完为止。

教师还可以用一系列带刻度的棱柱、木棒和立方体来进行类似的教学。棱柱的长度相同，但粗度不同；木棒的粗度相同，但长短不一；立方体则选择大小不同的。

当我们用人体测量仪测量孩子们的身高和体型时，这些概念很容易与周围环境联系起来。孩子们会相互比较，"我比你高""你比我胖"。当孩子们说他的手很干净，并伸出手来展示时，教师也会说他的手很干净，并伸出手来展示，这时，孩子们会凑过来和教师比谁的手更干净。比较的时候，孩子们会因为教师和自己的手大小不同而发笑。孩子们还会把测量自己变成一种游戏：他们并排站在一起，互相看着对方，然后判断谁更高。有时候，他们会站在大人身边，对于他们与大人之间的身高差异，他们会感到好奇和惊讶。

不同形状的教学材料。当孩子们能够准确地区分各种平面几何图形时，教师就可以开始教授相关的术语了。教师可以从对比明显的两种形状开始教学，如正方形和圆形。我们通常只教授一些常见的几何图形的名称，如正方形、圆形、矩形、三角形和椭圆形。教授过程中，教师需要强调的一点是，有的长方形又窄又长，有的则又宽又短，而正方形四边相等，只有大小之分。这一点其实用嵌板可以很直观地展现出来，因为无论正方形怎样旋转，都可以完美地嵌入框架中，但长方形做不到，如果把该横放的长方形竖着放置，显然是无法嵌入的。为了让孩子们更深刻地理解这一点，我们准备了一个正方形和五个长方形，这些长方形的最长边与正方形的边长相同，其他边则逐渐变短。

我们用同样的方法说明了椭圆与圆之间的区别。圆形无论怎样摆放都能嵌入框架，但椭圆做不到。当然，在儿童教育早期阶段，我们不会解释椭圆和圆形之间的区别，只有在儿童对这些形状差异表现出较强的兴趣，如经常选择相关的游戏或询问这些形状的差异时，我们才会向他们作出说明。其实，我更希望孩子们能在小学阶段自发地去探索这些差异。

在许多人看来，教授儿童形状就是在教几何，这对他们来说为时尚早。在这里，我觉得有必要澄清这种误解。观察几何图形并不等于教几何。例如，当我们向儿童介绍边和角，并使用客观的方法解释这些概念时，这确实是在教几何，而这对儿童来说确实不适合。但是，对这个年龄段的儿童来说，观察形状是适合的。如观察桌子和盘子，我们不会觉得他们的年龄太小，不适合观察桌子和盘子。

其实，儿童在家里时也会听到与形状有关的词语，如方形桌子、椭圆形桌子等，如果我们不提供适当的帮助，这些常用的词汇在他的头脑和言语中将长期处于混淆状态。

我们应当意识到，儿童经常会尝试着去理解大人的语言和周围事物的含义，但这对于他来说是一件非常困难的事，很多时候，他们所做的努力都是徒劳的。因此，必要的指导非常重要，这样有助于儿童理解那些他想要理解的东西，进而满足他们对知识的渴望。

此外，在儿童尝试着自己去理解人的语言和周围事物的含义的过程中，他会模仿周围人的发音，但如果他模仿得不对，或者说话的人发音不准确，便会导致一个坏的结果——形成不正确的语言习惯。如果有教师介入，他在教授那些能引起儿童好奇心的物体的名称时，可以通过清晰且准确的发音，让儿童形成正确的语言习惯。

让儿童认识几何图形还有一个优点，那就是可以帮助他更好地认识这个世界。我们生活中的很多事物并不是规则的几何图形，如房子，让儿童一眼就理解房子是什么形状，简直难如登天，但他可以通过已经认识的几何图形去说出窗户是什么形状，门是什么形状。因此，几何图形相关的知识，对儿童来说就是一把神奇的钥匙，可以帮助他们打开认识世界的大门，让他们了解世界的秘密。

有一次，我和一位小学生在山上散步。这位小学生已经学过几何，懂得如何分析平面几何图形。当我们走到最高处的露台时，我伸出手说："看，人类的建筑都是由许多几何图形组成的。"的确如此，在那些建筑物上，我们可以看到各种形状的装饰，包括长方形、椭圆形、三角形、半圆形。在如此多的建筑物中，如此千篇一律的设计似乎显示了人类智慧的局限性，而旁边花园中的灌木和花卉生动地展示了大自然中形态的多样性。

这位小学生从来没有进行过这样的观察，他分析过角、边和几何图形的构造，但除此之外，他没有针对几何图形进行过其他思考。他对书本上的几何图形不感兴趣，甚至觉得分析几何图形是一件枯燥的事。起初，他对人类将几何图形组合在一起的想法嗤之以鼻，而在我的引导下，他对这件事产生了兴趣，他仔细地观察着地面的建筑物，脸上流露出了若有所思的表情。在那些建筑物里，有一座正在建设中的大楼，上面的钢铁材料构成了一个又一个长方形。看到这个建筑物时，这位小学生说道："多么乏味的工作啊！"随后，我们向露台的花园走去，走到那里后，他静静地站了一会，说道："真漂亮！"或许，他是在说花园里的花漂亮，但在我看来，"漂亮"这个词代表着他灵魂的觉醒。

这次经历给了我很大启发，观察几何图形与观察花园中的植物，对儿童来说，都是非常宝贵的精神资源。因此，我希望拓展我的教育方法，使得儿童不仅学会观察事物的形状，还能够学会去欣赏人类的劳动成果。

（1）自由绘画。我给儿童提供了一张白纸和一支铅笔，告诉他们可以画任何想画的东西。实验心理学家对这种形式的绘画很感兴趣，因为他们可以通过这些绘画了解儿童的观察能力与个性特征。一般来说，儿童第一幅画的画面都是混乱的，这时，教师应询问他们想画什么，并指导他们如何画。渐渐地，他们的画会变得越来越清晰，这也真实地反映了他们在观察周围事物时所取得的进步。通过观察儿童的绘画，我们能够知道，哪些物体最能吸引他们的注意力。

（2）填色。和自由绘画不同，在这项练习中，我们提供给儿童的图形是没有颜色的。这些图形来自儿童身边的物体，如一棵大树。儿童需要给图形填上颜色。根据儿童所填的颜色，我们可以知道他是否对周围的物体进行了观察。如果他填对了颜色，说明他观察过这件物体，并记住了这件物体是什么颜色的；如果他填错了颜色，说明他没有观察过这件物体，我们接下来要做的就是去引导他观察这件物体。

（3）自由创作泥塑作品。这项练习与自由绘画和用彩笔填色类似。儿童可以用泥土塑造自己想塑造的物品。我们给每个儿童准备了一个装有泥土的木盘，里面放着一块黏土，剩下的工作就是看着他们自由创作了。他们塑造的大多是他们日常生活中经常见到的物品，如水壶、锅等厨房家具。有一次，我看到一个儿童创作出了一个简单的摇篮，里面躺着一个小朋友。最初，儿童们创作的物品中有些无法辨认出来是什么，所以我们会让他们标上名字。但不久后，很多儿童创作出的物品都能被轻易地辨认出来。这些泥塑作品对教师来说非常有价值，它们能揭示儿童的个性特点，从而帮助教师更全面地了解儿童。此外，这些泥塑作品也是教师干预儿童教育的宝贵指南。那些短时间内便可以将身边物品用泥土再现出来的儿童，教师不需要进行干预，而那些泥塑作品一直不成形的儿童，则需要教师的介入，教师需要通过具体的方法引起他们对周围事物的注意。

几何图形分析：边、角、中心、底面

对年龄很小的儿童来说，教他们分析几何图形是不合适的。我曾经设计过一个游戏，在这个游戏里，我引入了分析元素，但不会让儿童明显地感觉到是在进行几何分析。此外，我所选择的分析对象也仅限于长方形。

我选择的长方形物体是桌面，游戏内容是用餐具布置桌

面。在每一所"儿童之家"，我都配备了一套可以在任何玩具店找到的餐具玩具，它们包括餐盘、汤盘、汤碗、盐罐、玻璃杯、酒瓶、小刀、叉子和勺子等。游戏要求是摆放六套餐具，较长的一边各摆放两套，较短的一边各摆放一套。一个孩子按照我的指示摆放这些物品，如我会让他把汤碗放在桌子中心，把餐巾放在角落里，把盘子放在短边的中间。

然后，我让儿童检查桌子，并指出："这个角落少了点什么。这边还需要一个玻璃杯。现在我们检查一下两个长边是否摆放得当？两个短边是否摆放得当？四个角落还缺什么吗？"

我认为在儿童六岁之前，不应该进行比这更复杂的几何分析。其实，在我看来，儿童在未来的某一天会自然而然地拿起一个平面模型，并开始自发地数它的边和角。当然，如果我们在游戏里教他们边、角、中心、底面这些概念，他们也可以学会，但这仅仅是公式化的学习，而非应用经验的学习。

色觉训练

前面我已经说过色觉训练的相关内容，在这里，我想要做进一步的说明。

我们准备了一些用于填色的图画，初期，儿童主要用彩色铅笔填色，到了后期，便可以用水彩笔填色了。初期的图画内容包括花、蝴蝶、树，随后逐渐过渡到包含草地、天空、房屋及人物在内的简单风景画。

这些设计有助于我们了解儿童作为环境观察者的自然发展过程，特别是在色彩感知方面。儿童可以自由选择颜色，也可以自由进行创作。如果他们把小鸡涂成红色或把牛涂成绿色，这说明他们还没有成为真正的观察者。此外，这些练习还鼓励儿童记住图中物体的颜色，从而激发他们观察周围事物的兴趣。

我们使用的图画虽然简单，但起到的效果非常好，有时甚至可以体现出真正的艺术。墨西哥一所学校的教师曾跟我学习了很长时间，他给我寄来了两幅画：一幅描绘的是悬崖，上面的石头被涂上了浅紫色和棕色，树木被涂上了两种绿色，天空则被涂上了柔和的蓝色；另一幅描绘的是一匹栗色的马，它的鬃毛和尾部被涂成了黑色。

【第十六章】

阅读与写字的教学方法

——

当我还是罗马一所特殊儿童学校的教师时，我就已经开始尝试用各种方法教儿童阅读和写字了。

我研究过塞昆针对儿童如何学习写字的教学设计方法，概括而言就是要先学会画竖线，再学习写字。

在这里，我想问一个问题："儿童是否需要从练习画竖线开始学习写字呢？"经过认真分析后，我们可以得出答案：不需要。因为孩子们在进行这样的练习时，通常需要付出巨大的努力。学习的第一步应该是最简单的，而竖直的笔画实际上是所有笔画中最难的。只有书法家才能做到整页的竖线保持一致，对于一般人来说，写出一页整齐的字就足够了。直线代表了两点之间最短的距离，任何偏离都意味着这条线不是直的。从这个角度来看，画出曲线比画出直线简单得多。

如果我们让一群成年人在黑板上画一条直线，他们画的方向很可能是不同的，有些人会从这一边开始，有些人则会从那一边开始，但大部分成年人应该都可以画出一条直线

（判定标准不严格的情况下）。但如果我们要求这条线从一个特定的点开始，并且按照特定的方向画，那么画出直线的概率会降低。同理，当我们要求儿童必须从一个特定的点开始，并且按照特定的方向画一条直线时，他们能画出直线的概率会更低。此外，在教儿童写字时，教师还会提出一个要求，那就是以特定的方式持笔，这也会限制儿童的本能。

总之，在儿童学习写字的第一步，传统方法带给儿童的是种种限制，这让学习写字变得困难且乏味。

事实上，只要我们稍加思索就能发现，很多字母是由曲线构成的，所以说练习画竖线是在为写字做准备，这本身就是一个不合逻辑的观点。或许有人会说："有些字母确实存在直线。"但是，这并不能成为练习画竖线是在为写字做准备的论据。

事实上，我们认为学习写字时必须付出的努力，完全是一种人为的努力，它与写字本身无关，而与教学方法有关。

在介绍这些之前，我需要强调一点：我们没有兴趣知道人类是如何开始写字的，也没有兴趣知道写字本身的起源。与此同时，我们需要摒弃长期以来人们已经认同的观点，即写字必须从竖笔开始。现在，让我们试图保持追求真理时不带有偏见的态度。

"我们观察一个正在写字的人，并尝试分析他写字时的具体动作。"这意味着，我们研究的是写字过程中涉及的机械操作。这可视为对写字进行的一种哲学层面的研究。显而易见，我们应该关注的是写字的人而不是字迹本身，换句话说，我们要关注主体，而不是客体。然而，许多人的研究都是从客体入手，即通过分析字迹来构建教学方法。

就个体研究而构建的教学方法具有独创性，与之前的其他方法截然不同，它标志着以人类学为基础的书写新时代的到来。

在我刚开始进行这项研究时，如果要我给这种方法起一个名字，我会将它取名为"人类学方法"，尽管当时的我还不确定结果如何。的确，人类学研究启发了这种方法，但实践经验给了我一个更适合的称呼，那就是"自发写字法"。

在教授智力障碍儿童时，我偶然发现了这样一个事实：一个十一岁的智障女孩，她的手部力量和运动能力都是正常的，但她却学不会缝纫，甚至连最基本的步骤——先把针穿到布的下面，然后穿回来，也做不到。

为此，我想了一个方法：让这个孩子编织垫子，编织方式很简单，在一系列两端被固定的平行布条中，用一根布条上下交错穿过它们。传授完方法后，我饶有兴趣地观察起她。令人惊讶的是，她竟然学会了编织垫子。当她能够熟练地编织垫子后，我让她再一次去缝纫，令人高兴的是，她学会了缝纫。从那之后，我们的缝纫课程都从编织课开始。

我意识到，缝纫所需的手部动作可以在不直接进行缝纫的情况下通过其他活动来掌握，并且我们找到了教授儿童如何进行这些动作的方法。由此推论，在让儿童学习一项事物前，找到正确的方法非常重要。

这个想法让我非常兴奋，也对之前没有产生这个想法感到些许遗憾，这个想法是通过观察那个不会缝纫的女孩形成的。

事实上，在此之前，在教儿童认识几何图形时，我便运用了类似的方法，即让儿童用手触摸几何图形的形状。现在，我需要做的是教他们用手触摸字母的形状。我特意制作了一套精美的字母模型，小写字母高 8 厘米，大写字母相对高一些。这些字母是用木头制作的，厚 0.5 厘米，辅音字母被涂成蓝色，元音字母被涂成红色。字母的底部没有涂漆，而是覆盖了一层青铜，以增加耐用性。这套木质字母我们只有一份，但制作了很多份卡片，卡片上面是同样颜色和大小的字母。

每个字母都对应一个以该字母开头的物品的图画。图画上方会用大号的书写体写出该字母，并在旁边以较小的印刷体写出同一个字母。绘制这些图画的目的是帮助儿童记忆每个字母的发音，而将小号的印刷体字母与大号的书写体字母结合起来，可以为儿童以后的阅读做铺垫。这样的字母表造价很高，手工制作一套需要五十美元。

我让儿童按照字母形状用食指触摸字母表上的字母，并通过各种方式，引导它们重复这项练习。有趣的是，他们通过练习掌握了写出这些字母的动作，尽管他们还不认识那些字母。

我突然意识到一个之前从未想过的观点——在写字过程中，我们实际上进行了两种不同的动作：一是复制字形的动作，二是操作写字工具的动作。事实上，当儿童学会了按照字母形状触摸所有字母后，他们仍然不知道如何正确握笔。为了解决这一问题，我在上述练习的基础上又增加了两项练习。在第二项练习中，我让儿童同时用中指和食指按照字母形状触摸字母。在第三项练习中，我找来了一些小木棍，并让儿童像握着笔一样握着小木棍，然后用小木棍按照字母的形状进行描摹。当然，在第三项练习中，我不会一直让儿童拿着小木棍练习，而是用手练习和用小木棍练习交替进行。

虽然在前面的练习中，即小孩用手触摸字母已经得到了训练，但当他们用小木棍触摸字母时，还是会出现各种问题。其实，即便是成年人，让他透过纸绘制图案，也很难精准地把图案画出来。

这套教具的缺陷是没有提示功能，即当儿童的手指或木棍从字母上脱离时，他们无法收到明显的提示。为了弥补这一缺陷，也为了让儿童更加精确地进行这项练习，我设计了一种字母带有凹槽的教具，使得手指和木棍可以在其中滑动。不过，由于这种材料的成本太高，我没能将我的这一想法付诸实践。

在广泛试验这种方法后，我将这一方法传授给了特殊儿童学校（公立）的教师。令人遗憾的是，他们没有从中获得任何启发。

在这里，我引用我当时使用的演讲稿中的一些内容：

我们向儿童们展示了印有红色元音字母的卡片。在他们眼里，他们看到的是一些涂成红色的不规则的图案。随后，我们把红色的木质元音字母给他们，并指导他们将这些木质字母准确地覆盖在卡片上的对应字母上。我们引导他们按照写字的方式触摸这些字母，并告诉他们每个字母的读音。我们依据元音字母的相似性，将它们以如下方式排列在卡片上：

o e a
i u

然后，我们让他们找到字母"o"，并放到正确的位置上。完成这一操作后，我们会问他们："这是什么字母？"我们发现，如果只让儿童看字母，他们很容易出错，但如果让他们触摸字母，出错的概率会大大降低。

接下来，我们还会让儿童用食指和中指触摸字母。最后，我们会给他们提供一些小木棍，让他们用小木棍按照字母的形状进行描摹。

辅音字母则用蓝色表示，也是根据字母形状的相似性进行排列的。与此同时，我们还准备了一套可以移动的蓝色木质字母，儿童要做的就是将这些木质字母准确地覆盖在卡片上的对应字母上，就像放置元音字母那样。

我们还设计了另一套卡片，在这些卡片上，除了辅音字母，还绘有一到两个以该字母开头的物品的图画。图画上方会用大号的书写体写出该字母，并在旁边以较小的印刷体写出同一个字母。

教师采用语音教学法读出每个辅音。教师指着卡片，大声读出字母，并读出卡片上所画物品的名称，如"p-pear"。接着，教师问儿童，哪个是辅音"p"，并要求儿童将它放到正确的位置上，然后触摸它。在这个教学过程中，教师时刻关注着他们，如果他们存在语言学习障碍，会显现出来。

通过描摹字母的方式，不仅可以锻炼儿童的肌肉，还可以为他们以后学习写字打下基础。在"儿童之家"，一个小女孩经过这种训练后，已经能够用笔写出所有的字母，尽管她还不认识所有字母。她写的字母大约高 8 厘米，而且非常规整。这个孩子在手工活动中也表现得很好。

观察和触摸同时进行可以加深记忆。当然，随着时间的推移，观察和触摸这两个动作会逐渐分开，前者转为阅读，后者转为写字。由于儿童个性与学习习惯的不同，有的儿童先学会阅读，有的儿童则先学会写字。

大约在 1899 年，我开始探索阅读与写字的教学方法，这些方法至今仍在使用。有一天，我随手给了一个学习有障碍的儿童一支粉笔，他竟能在黑板上写出整个字母表，这让我感到非常惊讶，因为这是他第一次写字。

孩子们的进步远比我预想得要快。正如我之前提到的，有些孩子虽然还认不全字母，但已经能够用笔写字了。我还发现，就正常儿童而言，婴幼儿期是培养肌肉感觉的最佳时期，所以写字对儿童来说并不是一件难事。阅读则不然，它需要更长时间的学习，而且需要更高级的智力发展，因为阅读涉及对文字的解释以及声音的调节。这些都是纯粹的脑力劳动。

针对正常儿童开展的首次实验始于 1907 年 11 月上半月。

自圣洛伦佐的两所"儿童之家"开业以来（一所是 1 月 6 日，另一所是 3 月 7 日），我一直在使用实用生活游戏和感官教育游戏。我没有引入写字练习，因为当时的我和其他人一样也存在一些偏见，认为在六岁之前，不能开展阅读与写字教学。是儿童的表现让我逐渐改观。经过一系列训练之后，他们已经知道如何穿衣、洗澡；他们学会了扫地、除尘、整理房间、开关盒子、使用各种锁的钥匙；他们能够将物品整齐地放回橱柜；他们学会了照顾植物；他们学会了观察事物，用手感知物体。一些儿童主动找到我们，要求我们教他们阅读和写字。我们拒绝了他们。但一段时间后，几个儿童找到我们，自豪地向我们展示他们已经学会了如何在黑板上画出一个"O"。

最后，许多母亲来请求我们，希望我们能教他们的孩子写字。她们说："在'儿童之家'，孩子学到了很多东西，如果你们教他们读写，他们很快就能学会，这样他们就不用在小学里花费大力气去学这些了。"母亲们对我们的信任让我们深受感动。回想起我在特殊教育学校取得的成果，我决定在八月假期期间进行一次实验，并在九月开学后继续这个实验。不过，后来经过再三考虑，我决定在九月继续上学期中断的工作，等到十月小学开学时再进行阅读和写字教学。这样做还有一个好处，那就是可以和小学一年级的学生作比较，看看谁的学习进度更快。

九月份，我开始寻找能够制作教学材料的人，我希望能做出一个像在特殊教育学校使用的那种精美的字母表，但没有找到愿意接手这项工作的人。我放弃了这个念头，退而求其次，想使用商店橱窗上常见的搪瓷字母，但找不到其手写体形式。这让我很失望。

十月就这样过去了。一年级的小朋友们已经写满了几页的竖线，而我和我的孩子们还在等待。于是，我决定剪出大号的纸质字母，并请一位教师把这些字母的一面涂成了蓝色。那怎么产生触摸字母的感觉呢？我想了一个方法，即用砂纸剪出字母，然后把它们粘在光滑的卡片上。

当我制作完这些简单的字母后，我才意识到这个字母表比我之前用在特殊教育学校的那个精美的字母表还要好，而我为了追求那个精美的字母表，足足浪费了两个月的时间。

与我之前追求的精美字母表相比，纸质字母表不仅容易制作，可以供很多儿童使用，还能同时用于字母学习与单词拼写。另外，砂纸字母表带来的触觉也能辅导幼儿精准地进行写字练习。

产生这个想法后，我和两位教师满怀热情地开始用普通纸和砂纸剪字母。我们把纸质字母的一面涂成蓝色，把砂纸字母贴在卡片上。在我们忙碌的过程中，一种完整而清晰的方法在我脑海中浮现出来，这个方法非常简单，我以前竟然没有想到它，我甚至为自己的愚蠢感到好笑。

我们第一次尝试的经历非常有趣。有一天，一位教师生病了，我让我的一位学生来代课。她是师范学校的教育学教授，有着丰富的理论知识和实践经验。当天的课程结束后，我找到她，她向我展示了她对字母表做的两个改进。一个改进是在每个字母后面加了一条横向的白纸条，这样孩子们就能辨认字母的方向了，不会把字母倒着或翻转过来。另一个改进是制作了一个纸盒，纸盒内有二十六个格子，每个格子里收纳一个字母，这样，字母就不用混在一起了。我至今还保留着这个粗糙的纸盒。

她笑着把这个纸盒拿给我看，还为它的简陋向我表示歉意，但我却非常兴奋。我立刻意识到，这些字母对教学非常有用。它让儿童可以看到所有字母，并挑选出他们需要的字母。

在这里，我要补充一点，在圣诞节后的半个月到一个月，当一年级的儿童还在艰难地练习着写乏味的笔画，准备学写"O"和其他元音时，"儿童之家"两个四岁的儿童代表全班给爱德华多·塔拉莫先生写了一封带有祝福和感谢意义的信。信纸上没有涂改或污渍，字迹比较清晰，已经达到了小学三年级的水平。

【第十七章】

教学方法与教学材料

——

第一阶段：握笔和使用书写工具所需的
肌肉机制的练习

教学材料：

小木桌、金属嵌板、轮廓图、彩色铅笔。小木桌需要准备两张，桌面向下倾斜，下端有一个挡板，以防止桌面上的物品滑落。桌面可以放置四个带方形框架的金属嵌板。

这些金属嵌板在尺寸和形状上与之前描述的木质几何嵌板完全一致。

练习步骤：

将两张小木桌拼成一个长桌，桌面上共有八个图形。儿童可以选择一个或多个图形，同时取下金属嵌板的框架。儿童可以自由使用这些金属嵌板，不必像以前一样必须把木质嵌板放到木质框架中。

儿童先取下一个金属框架，将它放在一张白纸上，然后用彩色铅笔沿着中空的轮廓进行绘制。绘制完，将金属框架拿起来，白纸上留下一个几何图形。

这是儿童第一次借助框架绘制几何图形。之前，他们只是将金属嵌板放在有图形的卡片上。现在，他将自己绘制的图形放在金属嵌板上，就像之前将木质嵌板放在卡片上一样。

接下来，他们需要做的是用不同颜色的铅笔沿着金属嵌板的轮廓再画一圈。抬起金属嵌板后，他们将得到一个与之前形状相同但颜色不同的几何图形。

在这里，首次产生了几何图形的抽象概念，因为虽然框架和嵌板的形状不同，但却可以通过不同的方式绘制出同样的图形。这一现象引起了儿童们的注意。他们产生了强烈的好奇心，经常长时间地注视两个相同的图形，似乎在思考："为什么两块不同的金属片可以绘制出相同的图形呢？"

除此之外，儿童还学会描画构成图形的线条。将来有一天，他会更加惊喜地发现自己能够画出表示文字的线条图形。

接下来，儿童要做的就是像握笔写字一样握住彩色铅笔，给他所绘制的几何图形填充颜色。我们告诉他，填充颜色的时候不要超出轮廓线，目的是让他注意轮廓线，同时形成这样一个概念：一条线可以界定一个图形。

填充图形的练习可以锻炼儿童的手部动作，这种练习相当于写十页的竖笔画，但他们并不会因此感到疲劳，因为他们喜欢做这些事。最初，儿童们会在纸上画出大大小小的正方形、三角形、椭圆形和梯形，并将它们涂成红色、橙色、绿色、蓝色、浅蓝色和粉色。一段时间后，他们只用深蓝色和棕色来画图形和填充图形，因为金属嵌板的表面便是这两种颜色。许多儿童还会自发地在图形中心画一个小小的橙色圆圈，以此代表用来握住金属嵌板的小铜扣。他们非常享受这个过程，觉得自己像真正的艺术家一样，把架子上的物品准确地画了出来。

通过持续观察儿童的绘画作品，我们可以看到他们在两个方面的进步：

第一，线条跑到轮廓线外面的情况越来越少，到最后，线条被完全控制在轮廓线内。

第二，儿童最初用来填充图形的线条是短而杂乱的，随着时间的推移，线条变得越来越长，而且线条与线条之间越来越平行。这表明他们已经熟练掌握了铅笔的使用方法，形成了写字所需的肌肉协调能力。

总之，通过观察儿童的绘画作品，我们可以清楚地了解他们在握笔和用笔方面的进步情况。

我们还会用各种轮廓图来完善儿童的填图练习。要填充这些图案，儿童需要画出各种长度的线条，这可以使儿童运笔变得越来越自如。

如果我们把儿童填图所画的线条数量换算成竖笔画数

量，其练习量一点也不比小学生少。实际上，我们教的儿童的握笔熟练程度已经能够达到小学三年级的水平。我认为目前找不到比我们的方法更有效的方法了，最重要的是，儿童在我们设计的练习中一点也不会觉得枯燥，甚至非常享受练习的过程。

我们的练习方法还有一个优点，那就是即便儿童已经学会了写字，仍然可以继续练习，因为图形的样式是复杂多变的，他们仍然可以从中取得进步。此外，在练习结束后，他们还可以获得一些越来越完美的图画。很多儿童都以拥有非常多的图画而感到自豪。

第二阶段：建立字母的视觉——肌肉形象及书写所需动作的肌肉记忆的练习

教学材料：

粘着砂纸做成的字母的卡片。元音字母使用浅色砂纸，粘在黑色卡片上；辅音字母和字母组合使用黑色砂纸，粘在白色卡片上。这样做的目的是方便进行对比。

练习：

教授字母时，我们从元音开始，然后教辅音，但只教发音，不教名字。教授辅音时，我们需要将辅音和元音结合起来，按照常用的发音方法重复这些音节。

教学按照下述三个步骤进行：

第一步：将视觉和肌肉触觉与字母的发音相结合。教师向儿童展示两张粘有元音字母的卡片（也可以是两张粘有辅音字母的卡片，视情况而定）。假设教师展示的字母是"i"和"o"，教师会说："这是 i，这是 o。"教师每发一次音，便引导儿童用手指在卡片上描摹一遍字母。

经过多次练习的儿童，形成了良好的手指触觉，在砂纸粗糙感的指引下，他们可以准确地把字母描摹出来。如果儿童的手指偏离了"轨道"，卡片光滑的触感会让他们察觉到错误。

一旦儿童熟练掌握了描摹字母的技巧，他们会非常乐意闭上眼睛重复这个过程，让砂纸引导他们描摹看不见的字母形状。通过直接的肌肉触觉，儿童可以建立对字母的认知。这种认知不是基于视觉印象，而是基于触觉，我们可以将其称为肌肉记忆。

当教师向儿童展示字母并让他们用手描摹时，儿童会同时产生三种感受：视觉感受、触觉感受和肌肉感受。

通过这种方式，我们发现：相比于只通过视觉图像来强化记忆，通过触觉和视觉来强化记忆效果会更好。事实证明，儿童的肌肉记忆更为持久，所以有时儿童可以通过触摸认出字母，却无法用眼睛认出。

第二步：感知。当儿童听到某个字母的发音时，应该能够认出它。

例如，教师可以说："给我字母 o，给我字母 i。"如果儿童认不出这些字母，教师可以让他们通过触摸的方式再次辨认，如果还是认不出，这部分教学可以暂时中断，改天再继续。前面我已经提到，不要指出儿童的错误，也不要在儿童无法做出积极反应时，坚持进行教学活动。

第三步：语言。教师将字母放在桌子上，过一会儿，问儿童："这是什么？"儿童应该回答："这是 o，这是 i。"

教授辅音时，教师只发辅音的音，并且在发完辅音的音后立刻将元音与辅音结合起来，发出这一音节。教师需要使用不同的元音来交替进行这个小练习。在这个过程中，教师要注意强调辅音的发音，并不断重复，如 m、m、m、ma、me、mi、m、m。儿童重复发音时，要先单独发出辅音字母的音，再和元音字母结合起来发音。

在教授辅音之前，没必要教完所有的元音。当儿童掌握了一个辅音字母后，就可以开始拼写单词了。不过，此类问题需要教育者结合实际情况来判断。

我发现，教授辅音时，遵循特定规则是不切实际的。我们应该根据儿童的好奇心来决定该教授哪个辅音字母。例如，某个名字便有可能激发他了解组成这个名字所需辅音的兴趣，这时，我们就需要顺着儿童的好奇心，教授与之相关的辅音字母，而不是按照特定规则必须教授某个辅音字母。

当儿童能正确读出辅音时，他们会感到非常快乐。对于他们来说，这一系列多样而独特的声音，以及字母这种神秘的符号，是一件非常新奇的事物。这种神秘感激发了儿童强烈的兴趣。

有一天，我站在露台上，看着正在自由地玩耍的孩子们。我身边站着一个两岁半的小男孩，他的妈妈把他暂时交给我照看。在教室的几张椅子上，散落着我们使用过的字母卡片，我把这些卡片装到盒子里，并放到我旁边的椅子上。在此过程中，小男孩一直注视着我。过了一会儿，他走向椅子，拿起上面的一个盒子，从中取出了一张卡片，上面的字母是 f。此时，孩子们排成一列跑了过来，看到这个字母后，他们齐声喊出了"f"的发音。小男孩没有理会他们，把"f"放回盒子，又拿出一张卡片，上面的字母是 r。孩子们再次跑过来，笑着看着小男孩，然后一起喊："r，r，r！ r，r，r！"小男孩似乎明白了一件事，那就是当他拿起一张卡片后，其他孩子便会跑过来喊出这个字母。他似乎很喜欢这个"游戏"，玩了整整 45 分钟。在这 45 分钟的时间里，其他孩子一直围着他，每当他拿出一张卡片，他们就会争先恐后地发出那个字母的音。在举了几次带有字母 f 的卡片后，他学会了这个字母的发音。当他再一次拿出这张卡片时，他口中说道："f，f，f。"那个首先吸引其他孩子跑过来发音的字母给他留下了深刻的印象，而他竟然从各种混乱的声音中学会了这个音。

通过发音练习，教师可以了解儿童的语言发展情况。几乎所有的缺陷都会表现出来，教师可以记录下来，并通过各种方法纠正儿童的语言缺陷。

我们发现，在纠正儿童语言缺陷方面，我们应该遵循儿童的生理发展规律，并以此为指导适当调整课程的难度。然而，当儿童的语言能力已经足够成熟，并且能够发出所有的音时，我们在课程中选择教授哪些字母就无关紧要了。

其实，许多成人的语言缺陷是在小时候形成的。如果我们能在个体小时候就积极地引导他们的语言发展，而不是在高年级时纠正其语言缺陷，效果会更好。事实上，许多发音方面的缺陷是由使用方言引起的，这些缺陷在儿童期之后几乎无法纠正。然而，通过适用于儿童语言完善的教育方法，这些缺陷可以很容易地被消除。

儿童语言缺陷是一个非常重要的问题，我需要另辟章节做详细论述，在这里，让我们直接转到教授写字的方法上吧。

关于教授写字的方法，我想强调的是，它包含在前面描述的两个步骤中。通过这些练习，儿童可以形成正确握笔和写书面符号的肌肉记忆。如果他在这些练习中坚持了足够长的时间，那么即使他从没有拿过粉笔或铅笔，他也能写出所有字母和简单音节。

我们在教授写字的同时，开始进行阅读教学。当我们向儿童展示一个字母并发出它的音时，他通过视觉和触觉记住了这个字母的外形，并把发音和字母的形象联系在一起。从某种意义上来说，当儿童看到并认出这个字母时，他就在阅读；当他描摹这个字母时，他就在写字。在他们的意识里，这两种行为是一种行为，但随着他们年龄的增长，这两种行为会逐渐分离，分为阅读和写字。

在这个过程中，我们不必在意儿童是先学会阅读还是先学会写字，也不必在意哪一个更容易。我们应该抛开所有的预设，等待实践来回答这些问题。我们可以预见，每个儿童在发展过程中都会有不同的表现，有些儿童可能先学会阅读，有些则可能先学会写字。这种差异让对个体进行心理研究变得非常有趣，也拓宽了这种方法的应用范围。

第三阶段：拼写单词练习

教学材料：

一套字母表。这套字母表的字母与前面提到的砂纸字母大小相同，不同的是，用硬纸板制成，而且不用粘在卡片上。每一张纸板都是一个字母，儿童操作起来非常方便，想放到哪里就放到哪里。每个字母有四张，为了方便收纳和使用，我设计了专门存放这些纸板字母的盒子。盒子很浅，里面分出了许多小格，每个格子对应一个字母。这些格子根据字母本身的尺寸来设计，每个格子的底部都贴上了一个由黑色硬纸板剪成的字母，这样，儿童在收纳字母表时，只需要看一眼格子的底部，就可以知道哪个格子该放哪个字母了。

一套用砂纸剪成的大写字母，这些字母被贴在硬纸板上。

一套用硬纸板剪成的大写字母，数量与上面提到的字母表的卡片数量一样。

练习：

当儿童认识了一些元音和辅音后，教师可以把包含所有他认识的元音和辅音的盒子放在他面前，然后读出一个单词。例如，教师清晰且准确地读出"ma-ma"。"m"的发音要非常清楚，并且要重复多次。大多数儿童都能准确地找出"m"，并把它放到桌子上。接着，教师重读"ma-ma"。大部分儿童也能快速地找出"a"，并把它放在"m"的旁边。组出第一个"ma"之后，他们可以很快地组出第二个"ma"。然而，他们却无法读出他们拼出的词。事实上，儿童往往需要经过一番努力后才能读出他拼成的词。在这种情况下，教师需要帮助儿童，鼓励他阅读，并和他一起读一两遍。教师可以读任何词，但需要确保儿童认识组成这个单词的字母。

观看儿童拼写单词是一件非常有趣的事。他们坐在盒子前，专注地盯着盒子，嘴唇微动。他们从盒子里一个接一个地拿出字母，按照正确的顺序将其拼写出来。微动的嘴唇说明他们正在小声地重复教师刚刚念出的词，也说明他们正在把声音转化为文字。我们通常只读儿童耳熟能详的单词，因为我们希望他们在拼写单词的时候，可以对这些词的概念也形成一定的认识。

实际上，拼写单词是一种智力训练。教师读出一个单词的音，相当于给儿童抛出了一个问题。要解决这个问题，儿童需要先根据听到的音确定有哪些字母符号，然后从盒子里把这些字母符号拿出来，最后按照正确的顺序把单词拼写出来。他只需要读一下他拼写的单词，就可以验证他的拼写是否正确。

我们的训练方法取得了很好的效果。一天，一位教授参观一所"儿童之家"时，对着一个四岁的儿童说出了他的名字，儿童听到他的名字后，从盒子里拿出字母，拼出了一个词——diton。教授发现他拼错了，于是重新说了一遍他的名字，比刚才那一遍更清晰："Di Donato。"听到教授再一次念出他的名字，这个儿童没有打乱原来的拼写顺序，而是把"to"放到了一边，然后在"Di"后面补上了一个"Do"，接着，又在"n"后面放了一个"a"，最后，把刚才放到一边的"to"放到了最后。这一次，儿童拼对了。从这个儿童的表现来看，在第二次听到教授念他的名字时，他就已经知道"to"不应该放在中间，而是要放到词尾，所以他才把它拿出来，放到一边备用。看到这个儿童的表现，在场的人无不感到震惊。

这三个阶段包含了学习书面语言的整个方法论。从某种意义上来说，拼写单词可以看成听觉和视觉形象之间的心理联想机制，而我们的教学方法可以帮助儿童建立这一机制。一旦建立这种机制，拼写单词便会成为儿童的一种心理冲动，即便没有人要求他拼写单词，他也会自发地去拼写单词。例如，我看到一个儿童独自一人时，嘴里反复说着："要拼成 Zaira，我需要 z-a-i-r-a。"

尽管这个孩子从未真正写过字，但他已经掌握了写字所需的所有技能。当他听到某个单词时，这个单词会完整地呈现在他的脑海里，所以他可以轻松地拼出这个单词。此外，通过训练，他还学会了使用书写工具。写字所需要的两项准备，他都已完成，所以对他来说，学会写字已经不是一件难事了。

在一所"儿童之家"，我们的教学方法被完美地落实，也是在这个学校，我获得了一个非常漂亮的写字范本。在这里，我大致描述一下我所知道的情况。

十二月的一天，阳光明媚，我和孩子们一起爬到了屋顶上。他们自由地玩耍着，有几个孩子围在我的身边。我坐在一个烟囱旁，对身边一个五岁的小男孩说："为我画一幅烟囱的画吧。"说完，我递给他一支粉笔。他接过粉笔，在屋顶的瓦片上画了一幅烟囱的草图。我表扬了他和他的作品，他看着我，脸上带着微笑，突然，他表现得好像要做什么兴奋的事情一样，随即，他高兴地喊道："我会写字了！我会写字了！"他跪下来，在瓦片上写下了"hand"这个单词，接着，他又满怀热情地写下了"chimney""roof"。他一边写一边激动地喊："我会写字了！我会写字了！我会写字了！"他的欢呼声吸引了其他孩子，他们围成一圈，目瞪口呆地看着他的作品。其中两三个孩子激动地对我说："把粉笔给我，我也会写字。"我把粉笔交给他们，他们果真写起字来：mama、hand、John、chimney、Ada。

这些孩子以前没有用粉笔或其他工具写过字。这是他们第一次写字，却写出了完整的单词，就像孩子第一次说话能说出完整的单词一样。

婴儿说出第一个单词时，妈妈无比高兴。"儿童之家"的小家伙们在写出第一个词时，我也非常兴奋。在此之前，他们不认为自己会写字，但他们相信，等他们长到足够大时，就知道怎么写字了。换句话说，在他们的认知里，写字是大自然赐给人类的众多天赋之一。

其实，从人类的身心发展机制来看，事实的确如此，只不过这项天赋需要外部力量的激发，那就是儿童需要掌握写字所必需的所有动作。因此，针对儿童实施的准备工作不能片面，要尽可能的全面。

从儿童突然会写字这件事来看，儿童书面语言能力的发展不是渐进式的，而是爆发式的。在最初的那些日子里，这个发现让我们非常兴奋，我们好像在做梦一样，似乎在我们的帮助下，儿童创造出了巨大的成就。

学会写字后，孩子们似乎陷入了一种狂热的喜悦之中。他们回到教室，挤在黑板前，争先恐后地在黑板上写字。小一点的孩子站在前面，大一点的孩子站在后排，有些孩子甚至站到了凳子上，这样，他们就可以越过前面小孩的脑袋在黑板的顶部写字。没有抢到地方的孩子到处找地方写字，有些在门上写，有些在百叶窗上写。在那些日子，我们似乎生活在一个写满单词的房间里。孩子家长告诉我们，孩子们在家的时候也到处找地方写单词，有些孩子甚至在面包皮上写单词。有一天，一个孩子带给我一个小笔记本，里面写满了单词，他的母亲告诉我，这个孩子整天整晚都在写字，睡觉的时候手里还攥着纸和笔。

一开始，我们想控制儿童这些冲动的行为，但很快我们就发现，我们并不需要干预，儿童很快就从冲动的行为中冷静了下来。写出第一个单词时，儿童十分兴奋，但随着他写的单词越来越多，他的兴奋感也会随之降低，慢慢地，他们不再冲动地去写字，而是可以安静又有序地去写字。

对于教师而言，真正需要关注的是什么时候鼓励儿童去写字。根据我们的经验，当儿童完美地完成了上述三个阶段的训练后，还没有产生写字的冲动，这时，教师就应该给予儿童适当的鼓励。

至于如何判断儿童是否完美地完成了上述三个阶段的训练，教师可以通过观察儿童以下几方面的表现来判断：①用平行线填充几何图形的规则性；②闭眼识别砂纸字母的能力；③拼写单词的熟练度。

如果儿童在这三个方面表现都很好，教师最好再等待至少一周的时间，看看儿童是否会自发地写字。当儿童自发地写字后，教师可以适当介入，促使儿童在写字方面取得进步。教师可以提供的第一个帮助是在黑板上画线条，以辅助儿童把单词写得整齐均匀。

当然，即便儿童已经完美地完成了上述三个阶段的训练，也可能出现写不好字的情况，这时教师要做的就是引导儿童反复触摸砂纸字母。教师不要纠正儿童写字的动作，因为儿童并不是通过重复写字的动作来提升写字能力的，而是通过重复为写字做准备的动作来提升写字能力。我记得有一个年龄较小的儿童，他想把字写好，他找出所有的砂纸字母，在写某个单词之前，会用手触摸这个单词包含的所有字母。如果他觉得某个字母写得不够好，他会把它擦掉，然后再次触摸砂纸字母，触摸几遍之后，再重新写那个字母。

哪怕儿童已经学会了写字，我们仍旧会引导儿童重复上述三个阶段的训练，因为对儿童来说，写字本身不应该成为一种枯燥的练习，儿童需要做的是通过类似于写字而并非写字的练习来提升他的书写能力。

在"儿童之家"，刚开始进行上述三个阶段练习的儿童和已经学会写字的儿童，每天重复的都是一样的练习，这有助于他们平等相待，更加团结友爱。从某种意义上来说，这里没有新生和老生，所有儿童都用彩色铅笔填色，都用手触摸砂纸字母，并用字母表拼写单词。当小朋友遇到困难时，大朋友还可以给他们提供帮助。

综合各年龄段的儿童来看，四岁的儿童对写字非常感兴趣，他们尤其喜欢触摸砂纸字母的练习。

在实验的初期，即进行第一个阶段练习的某一天，我和一位教师拿着字母表走向孩子们。孩子们一看到字母，就表现得很兴奋，他们把我们团团围住，急切地想要触摸这些卡片。有些孩子虽然拿到了卡片，但无法好好地触摸上面的字母，因为孩子们挤在一起，让他们根本不能静下来做自己想做的事。

我还记得当时那个热闹的场面，拿到卡片的儿童高兴地将卡片举起来，就像举着一面旗一样，然后开始齐步走。其他儿童跟在他的后面，一边走，一边拍手欢呼。我看到，所有儿童都在笑。他们的母亲被笑声吸引，纷纷透过窗户观看屋里的场景。

对于四岁的儿童来说，从开始接受训练到写出第一个字，需要一个月到一个半月的时间。五岁儿童需要的时间短一些，大约一个月。有一个儿童进步非常快，只用二十天就学会了写所有字母。训练三个月后，大部分儿童都能熟练地写字，六个月后便可以达到小学三年级的水平。事实上，学会写字是儿童所取得的所有成就中最简单，但也是最令人开心的一项。

如果成年人可以像六岁以下的儿童一样轻松地学会写字，那消除文盲这件事将会变得非常简单。当然，教成年人写字存在两个大的阻碍：一是肌肉感知比较迟钝；二是口语中存在的永久性缺陷会在书写中体现出来。虽然存在很大的阻碍，我也没有做过这方面的研究，但我相信，只需要一个学年的时间，便可以让一个文盲学会写字，并且能用书面语言表达自己的思想。

关于学会写字的时间，我们暂且讨论到这里，接下来论述一些和书法有关的内容。

"儿童之家"的儿童从一开始就能把字写得很好，很少有小学生能和他们相比。我研究过书法，知道教一个十二三岁的儿童流畅地写出一个单词非常困难，因为他们都是从一笔一画开始练习的，所以很难把笔画连贯起来。"儿童之家"的儿童可以流畅地写出每一个单词，而且可以保持字母的斜度一致，并使每个字母之间的距离相等。前来参观的人对这一现象感到非常惊讶："如果不是我亲眼所见，我绝对不会相信。"

阅读

教学材料：阅读练习的教学材料主要是写着单词和短语的纸条或卡片。除此之外，我们还提供各种各样的玩具。

实践经验告诉我，要把阅读和写字区分开，并且这两种行为不是同时发生的。与人们普遍接受的观点相反，我认为写字先于阅读，但我并不认为儿童检查（检查的时候需要念出单词）自己所写的单词就是阅读，他只是把文字符号转换成了声音，就像他最初把声音转换成文字符号一样。我所认为的阅读是理解了文字符号的含义。一个儿童没有听过这个单词的发音，但他能够认出它，并知道它的含义，这才是阅读。他所读的词与书面语言的关系，与他听到的词与口语的关系一样，都是用来接收他人传递的信息的，因此，只有理解了文字的含义，才算是开始了阅读。

可以这样说，写字是一个心理运动机制发挥作用的过程，而阅读是纯粹的智力活动。但显而易见的是，我们的写字教学方法为儿童的阅读做好了准备，这使得阅读的难度大大降低。事实上，当"儿童之家"的儿童学会写字时，他就已经知道如何读出它的音了。值得注意的是，当儿童用可移动的字母拼写单词或用笔写单词时，他有时间思考需要哪些字母来组成这个单词。通常来说，写一个单词所需的时间比读同一个单词所需的时间要多得多。

前面说过，阅读是纯粹的智力活动，基于这一认识，我摒弃了传统的启蒙读物，设计了以下方法。

我准备了一些由普通书写纸制成的小卡片，卡片上有我写下的一些单词，这些单词表示的都是儿童熟悉的物品，而且他们已经多次读过这些单词。在给儿童展示单词时，我们会把这个单词表示的物品拿到儿童的眼前，以便他们更快地理解这个单词的意思。需要强调的一点是，我们所使用的物品大部分是玩具，如球、玩偶以及各种动物模型。

开始教儿童阅读时，不必考虑单词的难易，难的、简单的都行，因为当儿童知道了读单词的方法后，他可以读出他所拼写的每一个单词。当儿童拼出单词后，我先让儿童慢慢地读这个词，如果他的发音正确，我会告诉他"读快点"。第二次，儿童读的速度明显变快了，但他还不理解单词的意思。我会一遍遍重复："再快点，再快点。"他读得一次比一次快。突然，这个词表示的物品出现在他的脑海中，然后他看着这个词，好像认出了一个朋友。这种现象在"儿童之家"的儿童身上很常见。这堂课的效率很高，因为只有通过拼写单词练习做好了准备的儿童才能上这堂课。当儿童理解了这个单词的意思后，便把这张卡片放到对应物体的下面，练习到这里就结束了。

为了激发儿童的阅读兴趣，我们设计了一个游戏，在这个游戏里，我们发现了一个非常有趣的现象。我们在一张大桌子上摆放了各种各样的玩具，每个玩具下面都有 张卡片，卡片上写着玩具的名字。我们把这些卡片折叠起来，放到一个篮子里，然后让孩子们轮流从篮子里拿出卡片。每个孩子把卡片拿到自己的桌子上，小心地打开它，并在心里读出来，不让周围的人看到。然后，他再次把卡片折叠起来，以免别人知道其中的"秘密"。当孩子们准备好后，可以轮流拿着卡片找到我们，大声读出卡片上的名字，并把卡片交给我们，以验证他说的名字是否正确。如果正确读出名字，并且正确指出这个名字对应的玩具，他就拥有了这个玩具的"使用权"，想玩多久就玩多久。

哪个儿童出错了，我们会把他的名字写到一张卡片上，然后放到另一个篮子里。当所有儿童都读过卡片上的名字后，我们会让获得玩具"使用权"的儿童再排成一队，轮流从另一个篮子里抽取卡片。这一次，抽到卡片后，他需要立刻大声读出卡片上的名字，然后，把自己刚刚获得的玩具赠送给读到名字的小朋友。我们告诉孩子们，要优雅、礼貌地赠送玩具，而收到玩具的儿童，要鞠躬表示感谢。通过这种方式，我们可以消除儿童之间存在的"阶级差"，还可以让他们理解什么是助人为乐。可以想象，那些没有得到玩具的儿童在得到玩具时会是多么的高兴。

然而，令我惊讶的是，当孩子们获得玩具的"使用权"时，却拒绝拿走玩具。孩子们告诉我，他们不想把时间浪费在玩具上，他们希望继续这个游戏。

我看着这些小家伙，试图理解他们的内心。我发现，他们真正热爱的是知识，而不是游戏。我为这个发现感到惊奇，这也让我再次思考人类灵魂的伟大之处。于是，我把玩具拿走，开始制作卡片，卡片上写着一些城市和物品的名称，还有一些在感官教育中儿童已经认识的颜色名称。我把卡片放到两个盒子里，并把盒子放到了儿童可以方便从中拿取卡片的地方。我本以为孩子们在一个盒子里拿取几张卡片后，便会转向另一个盒子，但这种情况并没有发生。每个儿童都是读完一个盒子里的所有卡片后，才转向另一个盒子。

有一天，我走进一所学校，发现教师和孩子们都在院子里。一些孩子在阳光下玩耍，一些孩子围坐在放有砂纸字母和可移动字母的桌子旁，还有一些孩子围在教师身边。教师坐在椅子上，膝上放着一个装满纸条的盒子，孩子们争先恐后地从盒子里拿出纸条，然后大声地读出上面的单词。这位教师告诉我："你可能不相信，孩子们已经玩了一个小时了，但他们还没玩够。"我试着用玩具来吸引孩子们，但一点效果也没有，那些玩具的吸引力根本无法与获取知识的乐趣相提并论。

实践结果着实令人欣喜。我建议教师在卡片上增加印刷字体。不过，孩子们已经提前做了类似的事。教室有一本日历，上面许多词是用清晰的印刷字体印的，还有一些是哥特式字体。孩子们对阅读的狂热促使他们开始关注这个日历，令我惊讶的是，他们不仅读懂了印刷字体，还读懂了哥特式字体。

孩子们的进步很快被他们的母亲发现了。有些母亲在孩子的口袋里发现了一些小纸条，上面写着面包、食盐等文字。他们竟然可以为母亲写购物清单了。还有一些母亲告诉我们，他们的孩子不再在街上跑来跑去，而是停在商店前看它的招牌。

有一个四岁的小男孩，他在"儿童之家"接受了上述方式的训练。他的父亲是一名议员，每天需要处理很多信件。他知道孩子已经在"儿童之家"学习了两个多月的时间了，但他似乎并不相信我们的方法可以起到作用，所以对孩子学习读写这件事并不在意。有一天，他正坐在桌子前看书，孩子在一旁玩耍。这时，一名仆人走进来，把信件放到了桌子上。小男孩注意到了这些信件，并从中拿起一封，大声读出了上面的地址。看着眼前发生的这一幕，他的父亲非常惊讶，甚至觉得这是一个奇迹。

至于学会阅读所需要的时间，根据我们的经验来看，从学会写字的那一刻算起，到学会阅读，需要两周左右的时间。当然，要达到熟练阅读的程度，无疑需要更多的时间，而且比达到熟练写字所需要的时间更多。多数情况下，儿童已经可以把字写得很漂亮了，但仍旧无法熟练地阅读。

并非所有同龄儿童在阅读和写字方面都处于同一水平。我们不能强迫儿童做他不愿意做的事，也不能采用哄骗或利诱的方式。因此，有时会出现这样的情况：有些儿童对读写不感兴趣，我们不去强迫他们，而他们也没有学会读写。

在没有更多经验支撑的情况下，我还不能断定，口语能力充分发展的时期是开始发展其书面语言能力的适当时机。

我可以确定的是，几乎所有经过我们的教学方法培养出来的儿童，在四岁时开始学习写字，到五岁时便学会了读写，并至少达到了小学一年级学生的水平。我认为，他们完全可以直接升到二年级。

当我的朋友们看到"儿童之家"的孩子们能读印刷字体后，他们送给我许多带有插图的书。我浏览了一下这些书，认为孩子们可能看不懂书中的内容。但"儿童之家"的教师却不这样认为，他们对"儿童之家"的孩子们非常有信心，并试图证明我是错误的。他们让儿童读一些内容给我听，并告诉我："孩子们甚至比小学二年级的学生表现得更好。"

为了进一步验证他们的说法，我做了两个测试。第一个测试是让教师给孩子们读书籍中的故事，我则在一旁观察孩子们对故事是否感兴趣。教师刚刚读了几句，孩子们的注意力就被其他事物吸引了。我示意教师不要干预孩子们的行为。不一会儿，教室里响起了嘈杂声，这是因为孩子们都不愿意听讲，而是做起了他们想做的事。

很明显，孩子们虽然看起来喜欢读这些书，但他们并不是喜欢书中的内容，而是喜欢读书的过程。此外，孩子们对阅读书籍的兴趣也不如对阅读写在纸条上的单词那样持久，因为书中有很多他们不熟悉的单词。

第二个测试是让一个儿童读书给我听。在这个过程中，我不会说出任何引导性的话语，这种话语通常是教师用来帮助儿童理解他们正在阅读的故事的。例如，"等一下，你理解了吗？""你刚才读了什么？""那个小男孩是坐着马车去兜风了吗？""注意看书里是怎么写的？"等等。

小男孩读书的过程中，我安静地坐在他旁边，等他读完后，我像对朋友说话一样认真地问他："你理解你刚才读的内容吗？"他回答说："不理解。"他的表情似乎在向我询问："为什么会问这样的问题呢？"的确，对他们来说，通过阅读一连串的文字来领会别人的思想，是未来他们会具有的一项能力，也是一个新的惊喜和新的快乐源泉。

书籍使用的是逻辑语言，而不是简单地把文字罗列在一起，所以要想让儿童读懂一本书，并喜欢上阅读这本书，需要先让儿童理解逻辑语言。会读书和读懂书中的内容中间还有很长的"路"要走。因此，我中断了让儿童读书这件事，我们需要等待更合适的时机。

有一天，我让孩子们自由活动，突然，四个孩子同时站了起来，他们的脸上洋溢着笑容，跑到黑板前写下了一句话："花园里的花开了，我们真高兴。"这对我来说是一个巨大的惊喜，我深受感动。他们已经可以自发地写作了，就像当初自发地写出第一个单词一样。

很显然，让孩子们阅读句子的时机到了。我仿照孩子们，在黑板上写下："你们爱我吗？"孩子们慢慢地读出这句话，然后沉默了一会儿，似乎在思考，接着高声喊道："爱，爱。"我接着写："那请安静下来，看着我。"他们大声读出这句话，刚一读完，教室就安静了下来。就这样，我和孩子们开始用书面语言进行交流，而孩子们也非常喜欢这种交流方式。在这个过程中，孩子们逐渐发现了写字的重要作用——传递思想。从那以后，只要我开始写字，孩子们就表现得非常急切，似乎迫切想知道我要写什么内容。哪怕我一个字也不说，他们也能明白我的意思。

其实，书面语言不需要口头语言的辅助，只有完全脱离了口头语言，人们才能真正理解书面语言的伟大之处。

我设计了一个游戏，深受孩子们的喜爱。我准备了许多卡片，上面写着比较长的句子，内容是孩子们需要完成的一系列动作。例如，"拉上窗帘，打开前门，稍等片刻后，再把这一切恢复成原来的样子。""有礼貌地请八位小伙伴离开他们的椅子，让他们排成两列站在房间中央，然后踮着脚尖静悄悄地来回走动。""请三位擅长唱歌的小伙伴，询问他们是否愿意站到教室中央，和你站成一排，一起唱一首你选的歌。"等。

当我介绍完游戏规则，说游戏开始时，孩子们每人都领取了一张卡片，回到座位后，他们各自看着自己手里的卡片，有些孩子嘴唇微动，但没有发出声音。

过了一会儿，我问他们："你们明白了吗？"孩子们答道："明白了，明白了。"我接着说："那就按照卡片上的指示去做吧。"让我感到高兴的是，孩子们迅速且准确地做出了卡片上的动作。有的孩子关上窗帘，过了一会儿又把它打开；有的孩子轻手轻脚地在教室里来回走动；有的孩子在教室里唱歌；有的孩子在黑板上写字；有的孩子从橱柜中取出物品……此刻的教室里，似乎被人施加了一种魔力，营造出活跃的氛围。当然，这种魔力不是来自某个人，而是来自人类文明最伟大的一项成果——书面语言。

这个游戏已经成为儿童最喜欢的游戏：我们先为儿童营造安静的环境，然后拿出一个篮子，里面放着很多长纸条，上面写着描述一个动作的长句子。会阅读的孩子轮流从篮子里抽取一张纸条，并在心里默读一两次，直到完全理解句子的意思。然后，将纸条还给我们，并着手做出那个动作。我们也给不会阅读的孩子分配了任务，那就是配合那些会阅读的孩子完成动作。

经验表明，写作先于阅读，正如写字先于阅读一样。经验还表明，要让儿童通过阅读理解一个观点，那阅读的方式应该是默读而非大声朗读。

大声朗读涉及语言的两种机制——口语和书面语，这是一项复杂的任务。我们知道，哪怕一个成年人，如果要在公共场合朗读一篇文章，都需要事先熟悉文章的内容，以便为接下来的朗读做好准备。因此，要想降低理解内容的难度，应该让儿童进行默读。

"儿童之家"的教育水平

"儿童之家"的教育已经达到了较高的水平，按照这个逻辑推导，整个小学教育体系都需要作出改变。如何对小学低年级的教育进行改革，并使我们的教育方法贯穿小学教育的始终，是一个需要我们深思的重大问题。在这里，我们不作讨论。我只能说，我们实施的幼儿教育实际上已经包含了小学低年级的教育内容。

将来，小学低年级接收的儿童应该和"儿童之家"培养出来的儿童一样：知道如何照顾自己，会穿衣、脱衣和洗澡；有礼貌、守纪律，能约束自己；会写字，会阅读简单的书面语言，甚至初步具备理解逻辑语言的能力。

对于这样的儿童，我们应建立一所与之相称的小学来接收他们，并继续引导他们成长。这所学校必须遵循这一教育原则——尊重儿童的自由，尊重儿童的自发表现。

在最后，我给大家展示一张五岁儿童用钢笔写的文字。

> Vogliamo augurare
> la buona Pasqua all'in-
> gegnere Edoardo Talamo
> e alla principessa Maria!
> Diremo che conducano
> qui i loro bei bambini.
> Lasciate fare a me:
> Scriverò io per tutti
> 7 Aprile 1909.

翻译如下：我们祝土木工程师爱德华多·塔拉莫和玛丽亚公主复活节快乐。我们将邀请他们携带他们可爱的孩子光临此处。请放心交给我：我将代表大家书写此信。1909 年 4 月 7 日。

第十八章

儿童时期的语言

———

书面语言是包含完整机制（听觉神经、中枢神经和运动神经）的口头语言。我们采用的教学方法，本质上也是基于口头语言。因此，在理解书面语言时，可以从以下两个角度着手：

（1）人们之所以要掌握一门语言，是因为它具有社会层面的价值。书面语言是人类口头语言的补充，这也是人类赋予它的价值。学校教学生书面语言，目的就是给他们提供一种在社会上进行交流的工具。然而，对于口头语言和书面语言的关系，人们似乎并不在乎。

（2）从口头语言和书面语言的关系来看，我们可以利用书面语言来完善口头语言，这也是我秉承的一个新观点。这一观点也使得书面语言具有了生理学层面上的意义。

口头语言既是人类所具有的一种自然功能，也是一种用于社会交往的工具。从这个角度来看，书面语言也是如此。简而言之，我们不仅要赋予书面语言生理学价值，还要赋予它极高的社会价值，而这个价值是通过它的高级功能体现的。

在我看来，教师教儿童学习书面语言的效果之所以不理想，不仅仅是因为采取的教学方法不对，还因为儿童刚刚学会写字，教师就着急让他们学习如何运用书面语言的高级功能。

想想我们过去使用的方法多么不合理！我们把字母拆解开来进行分析，却不去分析儿童写字所需要的生理支撑，并且没有考虑儿童写字的难度。我们也不知道，符号的视觉表征与产生它们所需的运动表征之间不存在先天的联系。也是因为如此，儿童写字的效果总是达不到我们的预期。

举例来说，教师把字母拆成小直线和小曲线，但这些符号（小直线和小曲线）没有任何意义，它们无法激发儿童的兴趣，也无法激起儿童本能的冲动（让儿童自发去写）。这时，教师会强迫儿童去写，而这很容易让儿童感到痛苦和厌恶。此外，费力地握笔和使用书写工具也会增加儿童的痛苦感和厌恶感。

在各种负面情绪的影响下，儿童很容易出现书写上的错误。教师看到这些错误后，第一时间想到的是纠正儿童的错误，而这一做法会打击儿童本就不高的积极性。其实，当教师逼迫儿童做某件事时，他是在压制而非提振儿童的心灵力量。

语言的发展有其规律，教师应了解这一规律。概括而言，语言的发展可分为以下两个阶段：

（1）低级阶段：中枢神经将感觉通道与运动通道联系起来的阶段。

（2）高级阶段：通过预先形成的语言机制将高级心理活动外化。

在下面这个图示中，E 表示耳朵，T 表示舌头，A 表示听觉中枢，M 表示运动中枢。EA 和 MT 都是外围通道，前者是输入通道，后者是输出通道，AM 是两个中枢的联系通道。

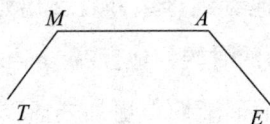

听觉中枢 A 中存在语言的听觉形象，它可以进一步细分为三部分：控制声音的神经中枢（So）、控制音节的神经中枢（Sy）和控制单词的神经中枢（W）。具体如下图所示。

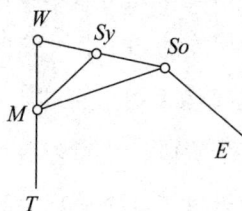

语言病理学似乎已经证实，一些失语症患者只能发出声音，或只能发出声音和音节，而说不出单词。

其实，人类幼儿期的语言发展，大致遵循的也是"声音—音节—单词"这样一个过程。幼儿最先对一些简单的声音比较敏感，幼儿的母亲可以利用这些简单的声音来吸引幼儿的注意力。一段时间后，幼儿开始对母亲口中的一些音节敏感，如 ba、ba、punf、tuf。然后，幼儿开始被一些简单的单词吸引，尤其是双音单词。

语言的运动中枢和听觉中枢一样。起初，幼儿只能发出非常简单的声音；接下来，幼儿可以发出音节；最后，幼儿可以说出一些简单的单词。

我认为，当幼儿可以说出单词时，他的口语能力便初步形成了。例如，当他看到母亲并且认出她时，他会说"ma-ma"；当他想吃东西的时候，他会喊"pa-pa"。此后，语言的感觉通道和运动通道逐渐变得更加畅通，其口语能力也随之获得发展。

儿童口语能力发展的关键期是二至七岁，这也是儿童感知觉发展的一个重要时期，儿童的注意力开始转向外界事物。儿童的肌肉机制也是在这个时期形成的，并且所有的通道都变得畅通。借助相连的通道，儿童的听觉开始对口语产生影响，即通过听觉刺激，可以促进儿童口语能力的发展。众所周知，只有在这个阶段，儿童才有可能掌握一种语言的所有特征性变化，如果过了这个阶段，再想掌握一种语言的所有特征性变化，几乎是不可能的。人们有这样一个现象：母语的发音是最标准的。这是因为母语是人们从小就说的一种语言。而成年后再学习一门新的语言，不可避免地会带有一些发音上的缺陷。同理，儿童时期形成的语言缺陷，在成年后也很难消除。

后面发展起来的是高级语言，即我们前面提到的逻辑语言。逻辑语言的发展不仅和语言机制的完善有关，还和人的智力发展有关。简单来说，儿童的语言机制得到完善之后，还需要具备能够运用语言机制的智力。我认为，当儿童可以运用口语表达他的思想时，逻辑语言便形成了。通过学校开展的正规教育，以及语法的学习，儿童的逻辑语言得以不断完善。

人们普遍存在一种认知错误，即认为只有书面语言才能促进人类逻辑语言的发展。不可否认，书面语言是一种重要的智力教育工具，因为人类的思想可以通过它被记录下来，并一直流传下去。此外，语法的分析也离不开书面语言。

其实，之所以会形成这样一种错误的认知，是因为人们把书面语言的概念和书面语言的功能混淆了。在我看来，教授感知水平比较低的儿童书面语言，是一个非常严重的错误。

现在，让我们抛开错误认知，重新考虑儿童学习书面语言的机制。其实，与学习口头语言的机制相比，学习书面语言的机制要简单得多，教师教起来也容易得多。

写字是由外部肌肉控制的，而我们可以通过训练肌肉，构建心理肌肉机制，从而为写字奠定基础。事实上，我们正是这样做的。

其实，就写字而言，真正的难点在于对文字符号的理解。我们必须明白，儿童正处于感知发展的年龄段，他们的感受、记忆以及原始的联想都紧密参与到自然发展的特定进程中。此外，他们已经通过各种感官练习，做好了识别文字符号的准备。能够识别三角形并说出其名称的儿童，也能识别字母 s 并发出 s 的音，这是显而易见的。

让我们摒弃偏见，让我们依据经验来探讨。实际上，儿童学习实物呈现出来的文字符号时，并不感觉费力，甚至感觉非常快乐。

基于这样的前提，让我们进一步考虑两种语言机制之间的关联。

依据我们的研究，三四岁的孩子已经开始构建他们的口语表达机制了，但此时他们的口语表达机制还不完善。

儿童可能没有清晰地听到并理解他说出的单词的所有组成成分，即使他清晰地听到了，这些词的发音也可能是不正确的，从而导致了错误的听觉感知。因此，对儿童来说，重要的是在能动性强的年龄阶段过去之前，通过训练有声语言的运动通道，形成了实现完美发音所需的精确动作。如果不这样做，错误的发音方式可能会固定下来，导致这些缺陷在以后很难纠正。

因此，对口语进行分析是很有必要的。目前而言，对口语进行分析需要借助书面语言来实现，因为只有借助书面语言，才能将要分析的话语持续呈现在人们眼前。对转瞬即逝的口语进行分析是困难的。

因此，语言必须被物质化并保持稳定形态。这凸显了以书面文字或图形符号表示词语的必要性。

缺乏教育导致的语言缺陷

导致儿童语言存在缺陷或不完美的原因主要有两个：一个是神经系统发育异常或病变；另一个与其语言发展期间形成的功能性缺陷有关，主要表现为发音不准。第二个成因与儿童听到不完美的发音或不良的语言习惯有关。方言口音便属于这一类别。当然，某些恶习也会导致儿童时期的语言缺陷在其成长过程中持续存在。

儿童语言存在缺陷主要是因为复杂的发音器官还不能完全发挥其功能。发音所需要的动作关联是逐渐建立起来的。如果无法建立，导致的结果就是发音困难、口吃、发音不完整等，我们将这些缺陷统称为"口齿不清"。

虽然有些语言缺陷会随着儿童成长逐渐消失，但它们往往会持续到少年期甚至成年，并最终导致他们习得的语言存在各种错误，这种错误还会影响到他们以后的书写，导致各种书写错误。

考虑到人类语言所蕴含的魅力，人们不得不承认，不具备完整口语能力的人在某种程度上是处于劣势的。我认为，如果教育中缺乏对口语的特别关注，那么任何美学教育理念都是难以实现的。尽管希腊人将口头表述的艺术传给了罗马，但在文艺复兴时期，人文主义者更多地侧重于环境美学的追求及艺术作品的复兴，而非个体的完善。

今天，我们开始尝试通过教学方法来纠正诸如口吃等严重的语言缺陷。下面这些练习，便是在我们的教学方法中经常用到的。

（1）静默练习：这些练习旨在使神经通道能完美地接受新的刺激。

（2）发音课程：由教师正确且清晰地发出几个单词的音（特别是那些需要与具体概念相结合的名词），作用是刺激儿童的听觉。教师需要重复发音，直到儿童理解了单词所代表的对象的概念（即可以识别该物体）。接着，让儿童大声地读出单词，并且要清晰地发出每个音节。

（3）书面语言练习：分析语音并让儿童以多种方式重复这些语音。当孩子学习字母表中的单个字母时，以及当他组合或书写单词时，他会重复这些语音，并将它们转化成书面语言。

（4）体操练习：包括呼吸练习和发音练习两项内容。

我相信，在未来的学校里，"在小学阶段纠正语言缺陷"的概念将会消失，取而代之的是一个更加合理的观念，即在儿童语言能力发展的早期阶段便给予关注，从而避免语言缺陷的形成。

【第十九章】

算数入门

———

三岁儿童进入我们学校时，通常已经能数到二或三了，所以，教他们数数很容易。我们可以使用的方法有很多，而且生活中的很多事物为儿童学习数数提供了许多机会。例如，儿童的母亲有时会说"你的围裙少了两颗纽扣"或"餐桌上还需要多摆三个盘子"。

我最初采用的一种方法是钱币找零。我一般用新的钱币，在条件允许的情况下，我会让教师用硬纸板仿照钱币的样子制作一些道具。我曾在特殊儿童学校见到有教师使用这种道具。

儿童很喜欢钱币找零的游戏，他们可以长时间玩这个游戏。我给孩子们提供不同币值的硬币，他们通过找零的方式，学会了从 1 数到 10。

我认为，没有什么教学形式比让孩子熟悉常用的货币更实用了，也没有比这种方式更有效的练习了。此外，由于这个游戏贴近儿童的生活，所以能够引起儿童的兴趣。

在通过这种实践性的方式教会儿童数数后，我便开始带领他们进行更加系统化的练习。我使用的教具是曾经在感官教育中使用过的一套积木：十根一组的木棒，最短的长度为10厘米，最长的长度为1米，中间的木棒每根长度递增10厘米。这些木棒每隔10厘米的部分被交替涂成红色和蓝色。

当儿童能够按照长短顺序把木棒摆好时，我便让他们从最短的那根木棒开始数。木棒被红色和蓝色交替涂成几段，便数到数字几。例如，最短的木棒只涂了一种颜色，数到的数字是1；第二根木棒交替涂了两种颜色，数到的数字是2，以此类推。注意，每次数一根新的木棒时，都要从底部开始数。例如，数第八根木棒时，要从1数到8。十根木棒按照长短顺序排列到一起后，可以组成一个三角形，数木棒的底端（三角形的底边），得到的数字是10；数木棒的顶端（三角形的斜边），得到的数字也是10；数最长的那根木棒（三角形垂直底边的那条边），得到的数字同样是10。

这个游戏还有一个进阶版，那就是教师把木棒混到一起，然后从中任意挑出一根交给儿童，让他数这根木棒的段数。儿童数完后，教师要求儿童按照从短到长的顺序把这根木棒的下一根木棒挑出来。儿童需要用眼睛判断是哪一根木棒。挑出来后，教师让儿童把两根木棒并排放到一起，通过数它们的段数来验证是否正确。

用文字符号表示数字

此时，如果儿童已经学会了写字，我们便可以用数字开展教学。这些数字用砂纸剪成，剪成后粘在卡片上。方法与教儿童认识字母的方法是相同的。卡片制作好后，教师可以展示，如"这是1""这是2"等，然后，让儿童用手指描摹数字，就像描摹字母一样。

数字练习：目的是让儿童把文字符号与数量联系起来。

我设计了两个托盘，每个托盘分成五个小格子。每个格子的底部放着一张带有数字的卡片。第一个托盘中的数字是0、1、2、3、4，第二个托盘中的数字是5、6、7、8、9。

练习很简单，我给儿童提供一些物品，儿童根据格子底部的数字放置对应数量的物品。为了增加练习的趣味性，我会提供不同物品。练习开始时，我将一定数量的物品放到儿童面前，他们的任务就是把这些物品正确地放到格子里。例如，卡片上写着数字1的格子放一个物品。任务完成后，儿童将托盘交给教师，教师负责检查正确与否。

在进行这个练习时，我等着儿童指着标有"0"的卡片所在的格子，问："这个里面我应该放什么呢？"这时我会回答："什么也不放，'0'就是什么都没有。"但我觉得这样解释还不够，我还需要让孩子明白"什么都没有"是什么意思。为此，我设计了一个小游戏。我站在孩子们中间，对着一个玩过托盘游戏的孩子说："过来，到我这里零次。"那个孩子会走向我，然后回到自己的位置。我对很多孩子都发出了这个指令，他们都会走向我。然后，我会说："我的孩子，你走了一次，而我让你走零次。"他们表现得很疑惑，向我问道："那我该怎么做呢？""什么都不做，零就是什么都没有。""但是我怎么做到什么都不做呢？""别做任何事，你只需要坐在那里一动不动，不用走过来，一次都不要。"我会重复这些练习，直到孩子们理解为止。当我再次要求他们向我走过来零次时，他们会保持不动，并且觉得这样做很有趣。他们自己也常常喊出："零就是什么都没有！零就是什么都没有！"

数字记忆练习

当儿童认识数字，并且明白数字代表的数值意义时，我会安排他们做下面这个练习。

我从旧日历上剪下数字，把它们贴到纸条上，然后折叠起来放到一个盒子里。每个孩子从盒子里抽出一张纸条，回到座位上再打开它，记住数字后，再将纸条折叠起来。在我的桌子上，放着很多物品，孩子们记住纸条上的数字后，便

可以到我的桌子前取走与该数字相对应的物品。例如，如果
纸条上是数字 5，那他就需要取走五个物品。

　　当孩子们带着物品回到自己的座位后，我让他们把物品
分成两列摆在自己的桌子上。如果物品的数量是奇数，多余
的那个物品便放到最下面一排的中间位置，如下图所示。

```
o      o      o      o      o      o      o      o      o      o
×    ××    ××    ××    ××    ××    ××    ××    ××    ××
            ×    ××    ××    ××    ××    ××    ××    ××
                        ×    ××    ××    ××    ××    ××
                                    ×    ××    ××    ××
                                                ×    ××
```

　　圆圈代表写着数字的纸条，叉号代表摆放的物品。摆放
好物品后，儿童坐在自己的座位上等待教师的检查。

　　最初玩这个游戏时，经常有孩子拿取的物品数量多于纸
条上的数字，这并不总是因为他们记不住数字，而是想要拥
有更多的物品。教师要想办法跟孩子们解释清楚：桌上摆满
物品也是没用的，游戏的关键在于取走正确数量的物品。

　　渐渐地，他们明白了游戏的规则，但要做到，却并不是
一件简单的事，他们要努力地克制自己。例如，一个儿童的
任务是拿两个物品，但当他看到别人拿的数量很多时，他便
会产生拿更多物品的想法。他要很努力地克制自己，才能做
到只拿两个物品。基于此，我觉得我们也可以把这个游戏看
成一项意志力的训练。最难的是抽到数字 0 的儿童，他不能

离开自己的座位，只能看着别人拿物品。

　　观察那些拿到数字 0 的孩子的表情与动作是一件很有趣的事。从孩子们的表情和动作可以看出其个体特征。有些孩子的表情非常平静，或许他们是在故作镇定，以掩饰不能拿物品的痛苦；有些孩子不自觉的一些小动作表明他们似乎有些失望；有些孩子面露微笑，因为他们觉得自己与众不同；有些孩子则用羡慕的眼神看着其他可以拿到物品的孩子。

从 1 到 20 的加减乘除法

　　教儿童算数所用的教具，就是前面使用的那套积木，我们根据积木的长度，将其依次命名为 1、2、3、4、5、6、7、8、9、10。

　　第一个练习是让儿童把较短的木棒接到一起，得到长度为 10 的木棒。最简单的方法就是从最短的木棒（也就是 1）开始，将它与第二长的木棒（也就是 9）接到一起，然后依次是 2 和 8、3 和 7、4 和 6。这样，我们得到了四组长度等于 10 的木棒。剩下长度为 5 的木棒，我们固定它的一端，将其翻转 180°（沿着长度方向），翻转前的长度加上翻转后的长度正好等于 10，也就是 5 乘以 2 等于 10。

　　儿童在进行上述练习的过程中，教师要教他们使用有关的专业术语，即 9 加 1 等于 10，8 加 2 等于 10，7 加 3 等于

10，6 加 4 等于 10，五乘以 2 等于 10。如果此时孩子们已经
学会了书写，教师还需要教他们写加号、等号和乘号。在孩
子们的练习本里，我们看到了这样的内容：

9+1=10

8+2=10

7+3=10

6+4=10

5 × 2=10

当孩子们熟练掌握了上述知识，教师需要引导孩子们关
注接下来的练习：将组成 10 的木棒拆分开来，重新放回原
位。从最近组成的 10 中移去 4，剩下 6；下一个 10 中移去 3，
剩下 7；再下一个 10 中移去 2，剩下 8；最后一个 10 中移
去 1，剩下 9。准确表达这一过程就是，10 减 4 等于 6，10
减 3 等于 7，10 减 2 等于 8，10 减 1 等于 9。

至于剩下的数字 5，它是 10 的一半。通过把长棍从中间
分开，即 10 除以 2，我们可以得到数字 5。所有这些操作的
书面记录如下：

10−4=6

10−3=7

10−2=8

$$10-1=9$$
$$10 \div 2=5$$

一旦孩子们掌握了这个练习，教师便可以引导他们进行拓展练习了。例如，让孩子们用两种方法组成 3。他们把 1 和 2 放在一起，然后写下 1+2=3。如果孩子们想不到 4−1=3，教师可以让孩子们用两根木棒组成 4，这时，孩子们会想到把 1 和 3 放在一起，然后写下 1+3=4，到这里，有些孩子会想到，用 4 减去 1 也能得到 3，于是，组成 3 的两种方法就这样找到了。接着，教师可以让孩子们继续思考："还有组成 4 的方法吗？"如果孩子们想不到，教师可以引导他们去想 5 和 10 的关系，10 是 5 的两倍，然后想 2 的两倍，正好可以得到 4，即 2 × 2 = 4。完成这个练习后，教师可以提出一个问题：让我们看看哪些木棒还可以用来玩这个游戏。我们可以用 3 和 6 来做，也可以用 4 和 8 来做，具体如下：

$$2 \times 2=4$$
$$3 \times 2=6$$
$$4 \times 2=8$$
$$5 \times 2=10$$

反过来，可以表现出以下式子：

$4 \div 2 = 2$

$6 \div 2 = 3$

$8 \div 2 = 4$

$10 \div 2 = 5$

教师还可以用木块来帮助儿童理解，如下所示：

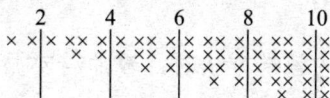

```
        2     4      6      8      10
        ×  | ×× | ××× | ×××× | ×××××
        ×  | ×× | ××× | ×××× | ×××××
                              |    ×
```

叉号表示木块。从上图中，我们可以清晰地看出哪些数字能被 2 整除——那些底部没有单个方块的数字。这些数是偶数，它们可以成对排列，两两一组。除以 2 就是从两组的中间画一条竖线，将它们分成两列，每一列的方块数量，就是总数除以 2 之后得到的商。要得到原来的数字，只需将这两列重新组合到一起，如 $3 \times 2 = 6$。对于五岁的孩子来说，掌握这些并不难。

掌握了上述内容后，教师便可以改变练习内容。用到的教具还是木棒，不同的是，这次不是把 1 号木棒放在 9 号木棒之后，而是放在 10 号木棒后面。同理，把 2 号木棒放在 9 号木棒后面，3 号木棒放在 8 号木棒后面。这样，我们就制作出了长度超过 10 的木棒。相应地，我们把这些长度超过 10 的木棒依次命名为 11、12、13……20。教师也可以用小方块帮助孩子们理解这些更大的数字概念。

【第二十章】

练习的顺序

——

在应用我们的教学方法时，教师需要循序渐进，遵循一定的练习顺序，包括教具呈现的顺序。

第一阶段

进入"儿童之家"后，便可以进行下述练习：

（1）轻轻地移动椅子（实际生活练习）。

（2）扣纽扣、系鞋带（精细动作练习）。

（3）观察圆柱体（感官练习）。

在这些练习中，圆柱体练习是最重要的一项。这项练习有助于儿童集中注意力，也有助于锻炼儿童的智力。

使用圆柱体这一教具时，存在一个由易到难的序列：

（1）圆柱体的高度相同，直径递减。

（2）圆柱体仅在高度上递减。

（3）圆柱体在所有维度上（高度和直径）都递减。

第二阶段

生活实践练习：安静地起立、坐下和走直线。

感官练习：处理不同尺寸的材料，如立方体、棱柱等。在这里，儿童需要进行识别材料尺寸的练习，和圆柱体练习相似，但侧重点不同。在这项练习中，我们所使用材料的体积更大，而且不同材料间的差异更大，但在这项练习中，儿童只能依靠眼睛辨别不同材料的尺寸差异。在圆柱体练习中，一旦儿童操作出现错误，教具本身就可以直观地呈现错误，但在这项练习中，教具不具备此功能。此外，和圆柱体练习相比，这项练习也需要儿童做出更多的动作，如站起来、跪下、搬运教具等。

我们注意到，孩子们在辨别尺寸较大的教具时容易出现错误。实际上，这些教具的尺寸差异是相同的，但其相对差异却随着教具尺寸的增大而减小。例如，边长为 2 厘米的小立方体与边长为 1 厘米的小立方体，其边长相差一倍，而边长为 10 厘米的小立方体与边长为 9 厘米的小立方体，其边长相差只有十分之一。因此，在这类练习中，我们应该从尺寸最小的立方体开始。但是，在用立方体搭建小塔的练习中，却无法从最小的立方体开始，因为要搭成一个塔，必须以最大的立方体作为基底。刚开始玩这项游戏的时候，孩子们常犯的一个错误是将第二大的立方体当作基底，但通过反复训练，孩子们可以自己纠正这个错误，而这也让我们相信，通过训练，他们可以用眼睛感知两个物体间细微的差别。

在我们使用的三套积木教具中，有一套积木彼此相差 10 厘米，而在另外两套中，积木的尺寸仅仅相差 1 厘米。理论上，第一套应该更能吸引儿童，并且犯错的概率更小，但事实并非如此。孩子们的确被这套积木吸引，但是在利用这套进行的练习中，他们犯的错最多。只有在利用另外两套进行的练习中的错误被纠正后，利用这套进行的练习中的错误才会被纠正。因此，这套通常被视为这三套中最难的一套。

当儿童可以熟练地操作上述三套积木后，教师便可以着手进行触觉与温觉的训练了。

实际上，触觉是最原始的感觉，触觉器官在我们身体上的分布最广泛，但也正是因为这样，儿童对触觉已经习以为常了，这也是为什么我们在开展各种刺激感官的教育时，儿童的注意力并不会被吸引。当然，如果在适当的时机为儿童提供触觉训练，也会引起儿童的兴趣。记住，触觉训练非常重要，这些训练可以为儿童后面的书写训练奠定基础。

在上述两个练习结束后，便可以开始色觉练习了。第一个色觉练习是"颜色配对"练习，即辨别两件物体的颜色是否相同。

同尺寸练习一样，儿童只能靠眼睛去识别。这个练习很简单，但要想让儿童保持兴趣，不断地重复这个练习，就需要让儿童把注意力集中到某件事物上。

第三阶段

生活实践练习：孩子们开始自己洗手、穿衣脱衣、擦桌子、学习使用各种物品。

感官练习：让儿童针对刺激的渐变（触觉渐变、色彩渐变等）自由地进行练习。首先呈现的是听觉刺激（和谐的声音、噪声）以及重力刺激（重量不同的卡片），随后进行的是认识几何图形的练习。这些练习可以视为他们从感官练习过渡到书写，从准备阶段过渡到学习阶段的桥梁。

第四阶段

生活实践练习：孩子们开始学习摆放餐具和清理餐桌，并学习整理房间。此外，他们还要学会自己进行清洁工作，如刷牙、清洁指甲。

感官练习：在此阶段，我们重复所有的感官练习，并引入了识别音符的练习。

与书写相关的练习：绘画。在此之前，孩子们已经掌握了描摹几何图形的动作，进入这一阶段，他们不需要再用手指描摹图形，而是用铅笔在纸上画出嵌板的轮廓，然后用彩色铅笔填色。注意，持笔方式要与日后写字时的持笔方式相同。

算术练习：在重复感官练习的同时，让儿童用木棒进行数数练习。

随后，可以用木块进行这样的练习：在数字的下方，放上与之对应的木块，木块被分成两列，这样儿童就可以初步认识奇数和偶数的概念了。

第五阶段

绘画练习：

（1）使用水彩笔画画。

（2）自由写生。

字母练习：

（1）自发地书写单词和短语。

（2）读出教师纸条上写的内容。

继续前面的算数训练。在这个阶段，孩子们展现出了明显的个体差异。这也是儿童智力飞速发展的阶段。

在这些儿童身上，我们看到了成长，这让我们十分欣慰，也让我们感受到了快乐。而只有参与其中，才能感受到这份快乐。

【第二十一章】

纪律问题的再次审视

——

自从本书的意大利文版本发布以来，我们积累的经验一再向我们证明，我们那些由四五十名儿童组成的班级纪律要比普通学校的班级纪律好得多。因此，我认为对通过我们的方法——基于自由的原则——所获得的纪律进行分析，会引起很多美国读者的兴趣。

无论谁来参观我们的学校，都会对孩子们的纪律性产生深刻的印象。在这里，有四十多个年龄在三岁到七岁的儿童，他们全神贯注地做着自己的"工作"：一个在进行感官练习，一个在进行算术练习，一个在拼字母，一个在画画……教室里没有噪声，只会偶尔响起移动东西的声音，以及儿童走路发出的脚步声。有时，孩子们会压低嗓音，高兴地呼唤："老师！老师！看看我做了什么。"

听到孩子们的呼唤，教师才会轻轻地走到孩子们身边，并根据其情况做出反馈。教师不会打扰孩子们，只有在他们需要自己的时候，教师才会出现在孩子们身边。

孩子们都沉浸在自己的"工作"中，他们从来没有因为争夺某件物品而争吵过。当有人出色地完成了一件"工作"时，其他的孩子会为他感到高兴。的确是这样，没有孩子会因为别人取得成就而失落，反而会因为别人的成就而感到高兴。每个孩子都满足于自己正在做的事，他们不会嫉妒别人取得的成就。一个三岁的孩子可以在一个七岁的孩子旁边专心致志地做他自己的事情，就像他满足于自己的身高，而不会嫉妒七岁孩子的身高一样。教室里的所有事情都在平和的状态下进行着。

如果教师希望所有孩子一起做某件事，他只需低声说一句话或做一个手势，孩子们就会立刻集中注意力，热切地看着他，等待着他发出指令。访客们看到，教师在黑板上写下指令，随即，孩子们开始按照指令行动。其实，不仅仅是教师，任何一个访客发出任何一个指令，孩子们都会高高兴兴地去执行。例如，有些访客想听正在画画的孩子唱歌，这个孩子便会放下手中的画笔开始唱歌，等唱完了歌，他会立刻回到被打断的"工作"中。

如果孩子们不是带着微笑的表情，不是在做这些事时表现出极大的热情，或许会有人认为孩子们受到了压制。但孩子们的表现告诉我们，他们很乐意做这些事情，这只是他们纪律性的体现。

任何一个人看到孩子们摆放餐具的过程都会惊叹不已。四岁的"小服务员"把餐具放到各自的位置，他们端着托盘，上面有时放着五个水杯，有时放着装满热汤的大汤碗，穿梭于桌椅间。在这个过程中，他们没有犯一个错，没有打碎一个玻璃杯，也没有洒出一滴汤。在整个用餐过程中，这些"小服务员"安静地站在餐桌旁，当有人喝完一碗汤后想要再来一碗时，他会为这个人再盛一碗。

想一想，一个四岁的儿童通常是一种什么样的状态呢？是不是想要别人的照顾，是不是经常打翻一些东西。我们的儿童不会这样，他们的纪律性让很多前来参观的人深受触动。

我们需要知道，这种纪律性绝不可能通过命令、说教，或者其他训诫的方式得到，它源于我们的教育，但关键并不在教师，而在儿童自己身上，那就是每个儿童都具有的内在的灵魂力量。

儿童纪律性的第一道曙光来自他感兴趣的事。在某个时刻，当一个儿童对某件事产生了极大的兴趣，并可以通过高度集中的注意力坚持完成这件事时，我们便认为他踏上了通往纪律性的道路。无论这件事是什么——感官练习、系鞋带、洗餐具，都可以称为儿童纪律性的开端。

有了开端之后，教师可以通过一些练习对儿童施加影响，从而让儿童更快地建立起纪律性。在这个过程中，教师必须时刻提醒自己：儿童的纪律性不是通过说教获得的，它需要一系列完整行动做基底，正如教育方法的实际应用所预设的那样。

这些行动不是随意界定的，其需要出于人类的本能，需要让个体通过这些行动获得提高。具体到儿童身上，就是可以使儿童的个性得到有效发展，并且有助于激发儿童的发展潜能。以儿童缺乏控制力为例，从根本上来说，儿童缺乏控制力是因为肌肉缺乏训练，导致的结果就是儿童处于一种无序的运动状态，如做出奇怪的手势、跌倒。因此，成人对儿童说"像我这样做，站着别动"，并不能解决问题。成人需要做的是教会儿童所有的协调动作。

需要教的协调动作有很多，如从椅子上站起来和坐下、走路、踮脚走、沿着地板上画的线行走等。此外，还要教他们小心地移动物体，以及穿衣和脱衣等复杂动作。教师需要把这些练习涉及的动作分解开来。当练习这些动作取代了"别动""安静"等命令时，儿童纪律性的形成也就成了一件自然而然的事。进一步来说，孩子的动作不再无序，而是变得有序，展现出来就是具有良好的纪律性。

接受了我们训练的孩子，不再是一个被动地展现纪律性的孩子，他的身边也不需要有人不停地喊着"安静，乖一点"，他可以自发地保持纪律。

在训练孩子的过程中，教师容易犯一个错误，那就是帮助其理解知识。在他们看来，儿童的愿望就是获得一些知识。但其实，获得知识只是一个出发点，当儿童理解了练习的意义之后，他会享受练习带来的乐趣。他会反复地练习，从此获得满足感。

基于这个观点，人们对如今很多学校的做法提出了批评。例如，当教师提出问题时，他不会让那些明显知道答案的学生去回答，而是让那些不确定答案是什么的学生去回答。那些不确定答案是什么的学生必须回答，那些知道答案的学生却要保持沉默。之所以会出现这种现象，是因为教师习惯把学习知识作为最终的结果。

我们再说一个我们观察到的现象，是关于完成动作所需时间的长短。孩子们第一次尝试做某件事，动作通常比较缓慢，但是，他们能坚持不懈地完成各种复杂的动作，如穿衣、脱衣、打扫房间、洗澡、摆餐具、吃饭等。在做这些事的过程中，他们表现出极大的耐心。然而，在我们眼里，这些事可以轻而易举地完成，而他们要浪费很多时间，于是，我们开始代替孩子们去做事，如帮孩子穿衣服、洗澡，替他们把汤倒到碗里，喂他们吃饭，为他们摆好餐具等。在代替儿童做完这些事后，我们给他们扣上了一个"无能"的帽子。我们经常说儿童没有耐心，但其实是我们没有耐心，没有让他们遵循自己的身心发展规律去做事。

因此，在练习的过程中，教师切忌代替儿童做事，而是要让他们自主练习，并通过反复练习掌握知识。

感官教育也是在重复练习中进行的，其目的不仅仅是让儿童知道颜色、形状和物体的不同性质，还通过众多练习来完善他的感官。这些练习可以看成"智力体操"，它可以帮助儿童发展智力，就像体操可以帮助人增强体质一样。当然，这些"智力体操"不仅仅是心理感官上的，它们还为儿童思想的自发联想、基于明确知识的推理能力铺平了道路。

我的一个女性朋友有个两岁的孩子，有一次，我去她家做客，她把孩子带到我面前，但不一会儿，孩子就从她的身边溜走了。那个孩子走到他父亲的书桌前，拿起上面的方形纸和墨水瓶的圆形盖子玩了起来。朋友一边把他从书桌前拉开，一边责备他。朋友向我解释道："孩子十分调皮，我们经常劝告他不要玩父亲书桌上的物品，但没有起到一点效果。"事实上，我们需要发展儿童这种"喜欢触碰各种东西"的本能，这对于儿童未来的发展具有重要意义。

人们还存在一个错误的认知，那就是试图通过命令、祈祷或暴力手段来获得一些难以获得或不可能获得的东西。例如，我们命令儿童要服从我们，但现实却是他们根本不会这样做。

其实，在年龄大一些的孩子身上，服从性会自然而然地体现出来，然后逐渐形成人的一种本能。这在每个人身上都有体现。社会就是建立在人们服从的基础上，文明也是基于人类的服从逐渐演变而来的。

从某种意义上来讲，服从意味着牺牲。我们习惯于服从，习惯于自我牺牲。士兵因为服从战死沙场，我们将其称为烈士，并歌颂他们；与之相反的是，那些试图逃避服从的人，我们将其视为罪犯。

对于儿童来说，要让他们服从，必须进行意志力的锻炼。在本书中，有些主题包含了对意志力的锻炼。例如，我们可以让儿童保持安静，只有在听到我们呼唤他的名字时，他才可以动，并且动的时候要尽可能地保持安静，尽量避免发出声响。

算数练习中也包含着意志力的练习。在这项练习中，儿童必须从眼前看似完全由他支配的大量物品中，取出与手中数字相符的数量，而实际上，他想尽可能多地拿取这些物品。如果他碰巧抽到了零，他需坐在座位上一动不动。还有一个练习也能锻炼儿童的意志力，那就是"零的练习"。当儿童被要求"到我这里零次"时，他们需要克服走向我的冲动。

在我们学校的餐会上，那个端着一大盆热汤的儿童需要隔绝所有可能干扰他的外界刺激，克制住自己想跑和跳的冲动，或者拂去脸上苍蝇的冲动，他必须把所有的注意力放在汤盆上，以避免汤洒出去或汤盆掉落情况的出现。我们这里有一个四岁半的小孩，他每次将汤盆放在桌子上让小客人们自取后，都会跳一下再走（由此可见，他非常想跳），但当他再次拿起汤盆走到另一张桌子时，他会克制自己想跳的冲动，尽可能保持步伐的平稳。尽管他很想玩耍，但在给二十张桌子的客人分完汤之前，他并没有抛开他的任务，也从未忘记控制自己的行为。

意志力和其他能力一样，可以通过适宜的锻炼得到增强和发展。我们实施的意志力训练，是基于精神和实践的。对于偶然来拜访"儿童之家"的旁观者来说，孩子们似乎在锻炼动作的精确与优雅，锻炼他的感官，学习如何阅读和写字，甚至在学习如何成为自己的主人，如何成为一个意志力坚定的人。

我们常听到这样的说法：孩子的意志应该被"放弃"。在他们看来，对孩子意志力最好的教育方式就是学会放弃自己的意志，遵从成年人的意志。显然，这种观念是不理性的，因为孩子无法放弃他从未真正拥有过的东西。通过这种方式，我们阻止儿童形成自己的意志力，就犯下了最严重且最应受到谴责的错误。儿童没有机会检验自己，评估自己的力量及不足，因为他们不得不服从我们的专制，如果不服从，便会受到我们的责备。

需要注意的是，这里所指的服从是专制的服从，而它会导致的一个严重的后果就是儿童会变得怯懦。这是一种精神上的疾病，是由未能得到发展的意志力所导致的。"儿童之家"的孩子从不怯懦，他们最让人夸赞的品质就是待人坦率，在有人访问"儿童之家"时，他们可以继续他们的"工作"，并可以大方地展示自己正在做的"工作"。而一个怯懦的孩子，只有和玩伴一起玩耍时，才能感到坦然和自在，因为他的意志力被压抑。我们必须承认，这几乎是我们这个时代所有孩子在精神上成长所经历的遭遇。

在教育大会上，我们经常听到人们说我们这个时代的一个危机是学生缺乏个性。然而，提出这个问题的人却并没有指出，导致这个现象的原因是教育方法的错误，是对学生的奴役导致了学生个性被压制。补救的方法是尊重儿童的个性发展。

儿童的发展可以分为三个阶段：第一个阶段是潜意识阶段。在这个阶段，儿童的意识是模糊的，秩序在混乱之中通过某种神秘的内在冲动自行产生，但由于秩序的产生在意识之外，所以无法随意再现。第二个阶段是有意识阶段。在这个阶段，意志开始发挥作用，但不能完全指挥行为。第三个阶段是意志充分发挥作用的阶段，意志可以完全引发和指挥行为，从而响应他人的命令。

服从也遵循类似的顺序。在第一个阶段，儿童不能服从，他就像一个聋人，听不到别人的要求。到第二个阶段，儿童变得愿意服从，他看起来理解了要求，但行动不够积极，执行时显得并不快乐。到第三个阶段，他会立即并充满热情地服从，随着练习越来越熟练，他会为知道自己如何服从而感到自豪。在这个阶段，他乐于服从，哪怕是最微不足道的要求，他也乐意放下手中感兴趣的事去完成这个要求。

这些是实验的初步轮廓，它展示了间接培养儿童纪律性的作用，其中最值得称赞的是用"工作"和自由取代了教师的说教。"工作"和自由是两个非常重要的元素，从某种意义上来说，它们是所有公民走向进步的两条道路。

【第二十二章】

结论与印象

——

在"儿童之家",那些为了维持所谓的"安静"的纪律而筋疲力尽、在持续不断的高声讲授中浪费口舌的传统教师已不复存在了。

我们用含有自我纠错机制并使每个孩子都能实现自我教育的教学材料替代了这些教师,教师也因此转变为儿童自我教育的引导者。

孩子们各自忙碌着不同的事情,教师则在一旁进行心理学层面的观察。如果这些观察以科学标准为指导,并有序地进行,将会对儿童心理学的重建和实验心理学的发展大有裨益。我相信,我的教育方法能够促进科学教育学的发展,因为任何学校、任何教师,只要采用了我的方法,就相当于建立了一个实验教育学的实验室。

通过他们的工作,我期待我们今天讨论的所有教育学问题都能得到积极的解决。其实,通过我们的努力,一些问题已经得到解决:儿童的自由问题、自我教育问题,以及家庭和学校如何建立和谐的关系。

我们在儿童身上看到了对知识本能热爱的证据。但在以前，他们常常被误解为沉迷于无意义的游戏和缺乏思考的玩耍。其实，归根到底，问题不在儿童身上，而在我们身上。我们提供给他们低级的玩具，将他们置于无所事事的环境里，并按照成人的想法给他们构建了令他们感到压抑的纪律世界。如今，在自由的环境里，儿童展示出了我们以前从未看到的一面，那就是人生来就有信仰。

否定先天存在于儿童心中的信仰，并剥夺他们的信仰，是我们犯的一个重大错误。还有一个与之类似的错误，那就是否定儿童对知识的热爱。上述这些错误的认识导致我们总想控制儿童，将他们置于一种类似奴隶的状态，从表面上达到遵守纪律的目的。

美国心理学家威廉·詹姆斯[①]阐述了有关情感的生理学理论，同时阐述了信仰在心理学上的重要意义。我们在这里不作详细论述，只站在"儿童之家"的成果层面，即通过自由和独立，使儿童获得了纪律性，这为教育方法在未来的发展指明了方向。

这本由我一个人编写的著作，必然有很多教育者效仿其中的方法。我希望这些教育者可以公开他们的实验成果，这些都将成为值得我们期待的教育学著作。

---

① 威廉·詹姆斯：美国心理学家、哲学家、教育学家，实用主义的倡导者，被誉为"美国心理学之父"。

从各个学校的实际情况来看，我们的教育方法的优势在于能够在同一间教室里教授不同年龄的儿童。在"儿童之家"的同一间教室里，有两岁半的孩子，他们还不能进行最简单的感官练习，也有五岁半的孩子，他们已经达到可以轻松考入小学三年级的水平。他们每个人都在通过自己的力量完善自己。

我们的教育方法可以使乡村学校的教学变得更加容易，尤其对于人口较少的乡村来说。那里的学校没有多少学生，不可能划分太多的班级和聘请太多的教师，甚至只能请得起一个教师。按照我们的教育方法，他们只需要一个教师就能指导三岁到小学三年级的孩子。我们的教育方法另一个巨大的优势在于，书面语言的教学将变得更加简单有效，这使得消除文盲和推广标准语言成为可能。

在这样的教室里，教师可以整天待在处于不同发展阶段的儿童中，就像母亲在家里与各年龄段的孩子相处而不感到疲惫一样。

孩子们自主活动，并在这个过程中形成了纪律性。聪明的教师不仅会关注儿童身体的发育，还会关注他们智力和道德品质的发展。而通过运用我们的教育方法，儿童在身体、智力和道德品质方面都实现了良好的发展。

过去，我们错误地认为，儿童的自然教育是纯粹的身体上的教育。实际上，灵魂也有其本性，它的目的是在精神生活中得到完善，而精神生活是人类生存的主宰力量。我们的教育方法考虑到了儿童自发的心理发展，并通过观察的方式，不断促进这一目标的实现。

如果身体上的关怀能使儿童享受身体健康带来的愉悦，那么智力和道德品质上的关怀则能使他们获得最高层次的精神愉悦，并引领他们进入一个充满惊喜与发现的新世界。这些惊喜与发现不仅存在于外部环境，也潜藏在他们的灵魂深处。

正是通过这些愉悦的体验，儿童的理想人格得以成长，也只有这样愉悦的体验才配在人类幼年教育中占有一席之地。

"儿童之家"的儿童与那些在普通学校内长大的儿童明显不同。"儿童之家"的儿童待人坦诚友好，能够掌控自己的行为。他们围在访客周围，以坦诚的态度与之交谈，庄重而有礼貌地伸出小手，他们感谢访客来访时礼貌的言行，以及那明亮的眼睛和欢快的声音让我们感觉到，他们确实是不寻常的小人物。有时候，一个小家伙会默默走到访客旁边，并在地板上写下自己的名字，然后附上一句温馨的感谢语。他们这样做，似乎是希望让访客感受到他们心中那份充满爱意的感激之情。

当我们看到这一切时，尤其是当我们与这些孩子一起从忙碌的学习活动转换到他们已学会好好享受的那种绝对的寂静时，我们深受触动，我们觉得自己已经触及了这些儿童的灵魂。

"儿童之家"似乎对每个来这里参观的人都产生了一种精神上的影响。我在这里目睹了那些政务繁忙的政治家，他们时常被贸易和国家问题所困扰，却能在此如释重负，如同脱去了束缚身心的沉重外衣，陷入了单纯忘我的境地。他们被这幅人类灵魂在其真实本性中成长的景象所触动，我相信这就是他们称我们的孩子为"奇迹般的孩子"或"幸福的孩子"的原因。我终于理解了威廉·华兹华斯①，对自然充满热爱的他，是如何渴求揭开自然所有平和与美丽的奥秘。最终，这一奥秘向他展露无遗——自然界所有奥秘实则蕴藏在一个孩童的灵魂之中。在那里，他把握住了贯穿整个人类生活的生命真谛。

然而，这种在我们童年时期环绕着我们的美好，往往会变得模糊不清。"监狱的阴影开始笼罩着成长中的男孩……最终，人类察觉到它逐渐消逝，融入平凡白昼的光影中。"

我们的社会生活常常吞噬我们内心的自然生命，而我们的教育方法就是要守护人类内心的自然生命，守护人类的精神之火，保护其本性不被破坏，并使其从社会的压抑与桎梏中解脱出来。这是一种秉承了伊曼努尔·康德②崇高理念的教育法："完美的艺术回归自然。"

---

① 威廉·华兹华斯：英国浪漫主义诗人，其诗歌理论动摇了英国古典主义诗学的统治，有力地推动了英国诗歌的革新和浪漫主义运动的发展。
② 伊曼努尔·康德：德国哲学家、作家，主要著作有《纯粹理性批判》《实践理性批判》《判断力批判》。